JN290511

豆屋さんの豆料理

長谷部美野子
Hasebe Miyako

創森社

豆をもっと食卓に ～序に代えて～

東京八王子で、豆類を中心に扱う乾物店「埼玉屋本店」に、縁あって嫁いできてもう25年になります。それまでは豆を煮たことなどなかった私ですが、義母に火加減からお砂糖を入れるタイミング、仕上げの塩の量までも、手をとって教えてもらいました。おかげで繰り返し煮ているうちに失敗もなくなり、上手に煮豆をつくれるようになったのです。今では一から教えてくれた義母にとても感謝しています。

＊

「豆って甘煮のほかにもっと違う食べ方はないのかしら」「豆をもっと食べたいけど、甘い豆は主人が嫌いなの」などというお客様の声をきっかけに、私なりに豆料理の研究を始めました。豆の新しい食べ方を考え、試行錯誤しているときのわが家は大変です。未完成の豆料理を家族に食べてもらい、意見を聞き、つくり直してはまた試食。同じような料理が何日も続きます。「また豆？　たまには豆以外の料理も食べたい！」と言われることもあります。しかし私はそれにもめげずにつくり続けました。

豆料理が続いたある日、「豆を食べていたら肌がツルツルになったし、お腹の調子もよくなった」と家族に言われたのです。普段はインスタント食品やファス

トフードの昼食が多い大学生の娘は、数日間豆料理を食べただけで体の調子がよくなったと驚いていました。体によいといわれてきた豆ですが、あらためて豆のパワーを実感したようです。今ではそんな素敵な豆をもっとたくさんの人に食べてもらいたいと、煮込み、サラダ、スープなどの豆料理のレシピを店内に置いたり、豆料理の講習会も開催しています。

＊

忙しい主婦がふえ、食生活に手間をかけることの少なくなった現代では「豆は食べたいけれど、水に一晩浸してから、さらに時間をかけて煮なくちゃ、と思っただけで面倒ね」という声が多いのは残念です。

この本では、そんな忙しい方にも豆料理が身近になるようなスピード調理のアイデアも盛り込んでみました。電子レンジを使う方法や、鍋ごと保温する方法、圧力鍋の利用など、吸水時間や煮る時間を短縮する方法はいろいろあります。もちろん時間をかけてゆっくり煮るのがいちばんおいしいのですが、時間をかけずにつくった豆料理のシコシコとした食感も楽しんでいただけると思います。

＊

豆をよく煮る方、うまく煮ることができない方、以前の私のように、豆をまったく煮たことのない方も、この本を通して豆により関心を持っていただけたらうれしく思います。そして皆様の健康のお手伝いができれば幸いです。

２００３年９月

長谷部美野子

豆屋さんの豆料理◉目次

3 お気に入り いんげん豆の料理——44

4 お馴染み 小豆、ささげ、えんどう、そら豆の料理——68

1

豆&豆料理の基礎知識

豆や乾物など、手がかかる食材はちょっと苦手という方がふえています。ことにご家庭で豆をよく煮るという人はとても少なくなっているようです。でもお惣菜屋さんの店先をのぞいてみてください。おからやじゃがいもの煮ころがしなどと並んで、必ずあるのは艶よく煮た黒豆やいんげん豆の甘煮、大豆の五目豆です。

おふくろの味、家庭の味である豆の人気は、とても根強いことがわかります。それならいっそ自分で煮たほうが、味つけも好みでできるし、添加物などもなく安心して食べられます。豆は少量よりもたくさんつくったほうがおいしいので、まとめてつくって冷凍保存をしておくのもよいでしょう。また時間を短縮できる下ごしらえのコツなどもあります。

豆や豆料理のことをもっとよく知って、基礎知識を身につければ、豆料理が身近に感じられるようになります。一度豆料理の楽しさを知ればいろいろな豆料理にチャレンジしたくなりますよ。

店内に並べられた大豆や小豆類

いんげん豆いろいろ

店舗入口

豆・図・鑑

大豆類

良質のたんぱく質が豊富な大豆は、煮豆として食べられるほか、日本料理になくてはならないしょうゆやみそなどの調味料、豆腐や納豆などの伝統食の原料として使われています。

黄大豆

一般的に大豆と呼ばれるのがこの黄大豆です。全国各地で多くの品種が栽培されていますが主産地は北海道。大粒の鶴の子大豆は甘みがあり、煮豆や煎り豆に使われています。

青大豆

皮の色が緑の大豆。東北地方で多く栽培されているひたし豆(青ばた豆)は、皮だけでなく中まで緑色。甘く煮ないで、枝豆のようにあっさり味で食べます。

黒大豆

皮の色が黒い大豆で北海道が主産地です。一般には黒豆と呼ばれ、お正月の縁起物としての煮豆をはじめ、菓子の材料などに使われます。最近では黒豆豆腐なども人気です。

くらかけ豆

信州が主産地でひたし豆によく似ています。黒い部分が、馬の背に鞍がのっているように見えるのでこう呼ばれます。甘みがあるおいしい豆で、ひたし豆と同様にして食べます。

枝豆

大豆の未熟なもの。夏場に枝付きや、サヤだけのものが出回ります。塩ゆではビールのつまみに欠かせません。すりつぶした「ずんだ」は和え衣やあんで食べられます。

丹波黒

黒大豆のなかでも有名な品種で、丹波地方（兵庫県、京都府）が主産地。粒が大きく粉をふいていて、甘み、旨みにすぐれているのが特徴。おせちの黒豆にも多く使われます。

いんげん豆類

赤や白、模様のある豆など種類が多く、調理法も甘煮をはじめさまざまです。中国から隠元禅師によって伝えられたので、この名で呼ばれるようになったと言われています。

うずら豆

うずらの卵のような模様がある豆。煮豆は大正金時と並んで人気が高く、煮上がると赤色になります。いんげん類のなかでも使いやすく、ポークビーンズやサラダなどにも最適。

大正金時

紅色をした金時類のなかでも代表的な品種。北海道の大正村で栽培されたことからこう呼ばれました。煮豆をはじめ、チリコンカンやサラダなどの洋風料理にも向いています。

白花豆

白いんげんのなかでも大粒の高級品種。10粒並べると六寸になることから「トロクスン」とも呼ばれています。大粒の見栄えを生かして、豆きんとんや煮込みに使われます。

とら豆

白と茶色の斑点模様が虎を思わせる豆。味のよさと、とろりとした煮上がりは「煮豆の王様」と呼ばれるほどです。もちもちした味と模様を生かしてピラフやサラダにおすすめ。

手亡《てぼう》

小さな粒の白いんげん。ホクホクした味わいで、家庭用よりも白あんの原料として多く使われています。小粒なので早くやわらかくなり、煮る時間が短くてすむので便利です。

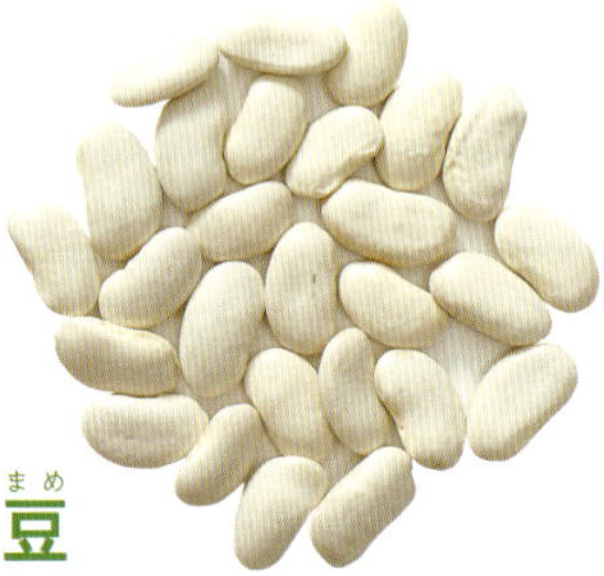

大福豆《おおふくまめ》

一般に白いんげん豆といえばこの豆のこと。やわらかで独特の香りがあり、黄身あんや柚子あんなど、和菓子に欠かせない白あんの材料になるほか、和洋の煮物にも活躍します。

ささげ

小豆によく似た豆で、産地は岡山が有名。ささげといえばお赤飯です。小豆は腹切れするので切腹につながるといい、煮くずれしにくいささげが赤飯に用いられます。

高原花豆

群馬県や長野県の高原で多く栽培される紫色の花豆。高原のおみやげ品でもお馴染みです。きれいな朱色の花を垣根にして楽しむこともあります。大粒を生かした煮物やサラダに。

新登場の豆

エスニック料理ブームなどにともない、新登場の豆が出回っています。日本の伝統的な料理法とはまったく違う使い方や食感などが楽しめるのも魅力です。

ひよこ豆

ガルバンゾーとも呼ばれる豆です。日本ではひよこの形に似ているので「ひよこ豆」と呼ばれます。インドではチャナ豆と呼ばれ、カレーや煮込みなどに使われています。

レンズ豆

レンズのように薄い円盤形をしているのでこの名前がついています。中央アジアが原産地の豆です。皮付きのものは薄緑色をしていますが、皮をむくときれいなオレンジ色になります。コインの形に似ていることから金運に恵まれるようにと、イタリアでは大晦日にレンズ豆を食べる習慣があるそうです。

カレーなどインド料理に使われるほか、煮込みやスープ、サラダなどに使われます。皮付きより、皮むきのほうがすぐに火が通ります。(写真は皮付き)

小豆類

小豆はその赤い色が邪気を祓うといわれ、昔から行事食や伝統食に使われてきました。和菓子の材料にも欠かせません。大きさで大納言、中納言、少納言に分けられます。

大納言小豆

大粒で色艶のよい大納言小豆は、やさしい味と深い香りがします。丹波地方でつくられる丹波産大納言は、ゆで小豆や甘納豆などの粒を生かした和菓子の材料に使われます。

小豆

小粒の小豆は大粒の大納言と区別されて売られています。主産地は北海道で、主にあんなどの和菓子の材料に使われます。他の豆類と違い、あらかじめ水につけずに煮ます。

えんどう豆類

えんどう豆には赤と青があり、煮方も食べ方も違います。主な産地は東北と北海道。青いさやえんどうやグリンピースは、未成熟のえんどう豆の生です。

青えんどう

独特の香りを生かして、うぐいす豆やうぐいすあんにします。主産地は北海道ですが、生産量が少なく、輸入豆がふえています。グリンピースは青えんどうの未熟豆です。

赤えんどう

みつ豆や豆かん、豆大福に使われます。乾燥豆の粒は赤茶色ですが、煮上がる頃にはこげ茶色になります。甘く煮ることはほとんどなく、塩味にしておつまみやおやつにします。

そら豆

空に向かってサヤが付くのでそら豆と呼ばれ、初夏に出回ります。乾燥豆でつくるお多福豆やふき豆はよく知られていますが、国内産の乾燥豆は少なく輸入豆を使うことが多くなっています。

豆をおいしく煮るコツ

豆料理といえば誰もが思いつくのが甘煮です。ふっくら、とろりと煮た豆は、お惣菜やお茶請けとしても人気があります。とくに家庭で手づくりした煮豆は、好みの甘さに仕上げたり、それぞれの豆独自の味や風味を楽しむことができます。

しかし豆を甘く煮て食べるのは日本独特の食文化のようです。豆は世界中で食べられていますが、そのほとんどはスープや煮込み、サラダのような料理です。日本でもエスニック料理のブームや、輸入豆の普及にともなって、豆カレーや豆サラダなどに人気が集まっているようです。

甘煮にする場合も、別の料理にする場合も、豆によって扱い方は多少違いますが、基本はまず吸水させてからやわらかく煮ることです。

豆をもどす

豆のもどし方は豆の種類によって違い、次の4つの方法に大きく分けられます。

●水に浸してもどす

黄大豆、青大豆の大豆類、いんげん類の豆、ひよこ豆などは、水に一晩浸してから煮るのが基本です。

●熱湯に浸してもどす

えんどう類の豆と高原花豆のように皮に厚みのある豆は、熱湯に一晩浸してから煮ると、均一に煮えます。

●いきなり煮る

小豆類、ささげ、レンズ豆は水に浸さず、すぐに煮ても大丈夫です。

●味をつけた煮汁でもどす

黒豆は味をつけた煮汁でもどし、あとはゆっくり煮ます。

豆をゆでこぼす

豆を煮るときには、アクを抜くためにゆでこぼしが必要な豆と、ゆでこぼ

しをしてはいけない豆があります。

●ゆでこぼしをする豆

小豆類、ひよこ豆、えんどう類、いんげん類のほとんどはゆでこぼしをします。これは豆のえぐみを少なくし、色をきれいに仕上げるためです。

●ゆでこぼしをしない豆

大豆類は浸しておいた水の中にオリゴ糖などが溶け出てしまうので、つけ汁を捨ててしまっては残念です。つけ汁ごと鍋に入れて煮て、ゆでこぼしもしません。

大正金時、ささげのように赤い色を大切にしたい豆は、浸しておいた水を捨ててしまうと色が抜けてしまうので、やはり汁ごと鍋にかけて、ゆでこぼさず、アクを取りながら煮ます。

レンズ豆は煮くずれしやすいのでゆでこぼしません。これもアクを取りながら煮ます。味のついた煮汁でもどす黒豆も、必ず汁ごと煮ます。

豆を煮る

煮豆の火加減はとろ火でコトコトが基本中の基本です。あせらずゆっくり煮ましょう。強火ではせっかくの豆を煮くずれさせてしまったり、うっかり焦がすこともあります。

落としぶたをして、豆が躍ったり、空気にふれるのを防ぎながら静かに煮ましょう。途中で煮汁が少なくなったら差し水をし、豆がいつも汁の下にかくれている状態を保ってください。

豆を甘く煮る場合は、豆が完全にやわらかくなるまで煮ます。他の材料と合わせてさらに煮る場合には、八分通りの煮え具合（まだ少しかたさが残っているくらい）にします。

秋に収穫された新豆が出回る頃と、春過ぎの豆とでは煮え時間に差があります。収穫してから時間がたつにつれて、煮るのに時間がかかるようになります。煮え具合は時間の目安より、食べてみてのやわらかさを基準にしてください。

豆に味をつける

煮えた豆に砂糖で味つけをするときには、豆の煮え具合をよくみます。豆が完全にやわらかくなったところで、砂糖を2〜3回に分けて入れましょう。目安は乾豆1に対して砂糖0.6の割合です。あらかじめ計っておくとよいでしょう。煮え方が不十分なときに砂糖を入れてしまうと、それ以上煮てもやわらかくなりません。また鍋返しをしたり、かき混ぜすぎると豆がくずれるので、やさしく扱います。

砂糖以外の調味料で味をつける場合は、まだかたさを残した豆と、ほかの材料、調味料を入れて煮込みます。

いんげん豆の甘煮のポイント

ふっくらと甘く煮えた煮豆は、豆そのものの風味を味わえる食べ方です。なかでもいんげん類の甘煮は昔からお惣菜の定番として親しまれてきました。いんげん豆の煮豆の基本的なポイントを、うずら豆の甘煮を例にとってご紹介します。

豆をもどす

1 いんげん豆はよく洗い、3倍の水、または湯に一晩つけておく。水が少ないとふくれた豆が水の上に出て、均一にもどらないので注意する。

2 一晩吸水させた豆は3倍近くにふくれ上がる。急ぐときは熱湯につけると早くもどる。

豆をゆでこぼす

3 うずら豆や白い色の豆は、えぐみを取って、色をきれいに仕上げるためにゆでこぼす。高原花豆のように皮の厚いものは2～3度ゆでこぼす。

豆を煮る

4 ゆでこぼしたあと、きれいな水を入れて火にかけ、再び沸騰したら落としぶたをし、ふきこぼれないよう弱火にして静かに煮る。

豆に味をつける

5 豆が十分やわらかくなり、少しくずれかけてきたら砂糖の入れどき。

6 分量の砂糖を2～3回に分けて入れ、全体に味が馴染んだら塩少々を加えて味をととのえる。砂糖を一度に入れると豆がかたくなることがあるので注意する。

とろ火でコトコトと煮含めたうずら豆の甘煮は、艶がよく、ふっくらとやわらかな味わいです

●出来上がり

煮上げたら、鍋のまま冷めるまで煮汁につけておくと味がしみておいしくなる。甘煮に限らずどの豆料理も、出来上がってすぐではなくて2～3時間おいてからのほうがおいしく食べられる。つくった煮豆は冷蔵庫で保存するが、たくさんつくったら、小分けして冷凍保存してもよい。

ゆでこぼす豆、ゆでこぼさない豆

ゆでこぼす豆	ゆでこぼさない豆
・小豆類 ・えんどう豆 ・いんげん類のほとんど ・ひよこ豆	・大豆類 ・大正金時 ・ささげ ・レンズ豆

水につける豆・すぐ煮る豆

水などに浸してもどす豆	いきなり煮てもよい豆
・黄大豆 ・青大豆 ・黒大豆（煮汁に） ・えんどう豆（熱湯に） ・高原花豆（熱湯に）	・小豆類 ・ささげ ・レンズ豆

※甘煮の砂糖の目安＝乾豆1 対 砂糖0.6

豆のスピード調理法

豆料理は好きだけれど、一晩水に浸してから……と考えるとそれだけで面倒になってしまうことがあります。そこで、便利な豆のスピード調理法をご紹介します。この方法なら思いついたときにすぐにとりかかれるので、豆料理がぐんと身近になります。

保温もどし法

成分にでんぷんの多い、いんげん類に合う調理法です。どこの家庭にもある厚手の鍋や土鍋を利用して、保温しながらもどします。

加熱後に1～2時間放置するだけで豆をもどすことができるので、かなりのスピードアップになります。これは豆が高い温度に浸すほど、素早く吸水する性質を利用したものです。

「保温もどし」をした豆は、だいたい六分から八分くらいの煮え具合になります。これを鍋に入れて火にかければ30分から1時間でやわらかく煮えます。また、煮ないでそのままサラダや炒めものに使ってもよいでしょう。豆の新しい食感に出合えます。

厚手鍋を使って保温もどし

1 いんげん豆はさっと洗い、3倍の水とともに厚手の鍋に入れる。

2 沸騰してからふたをして5分加熱する。

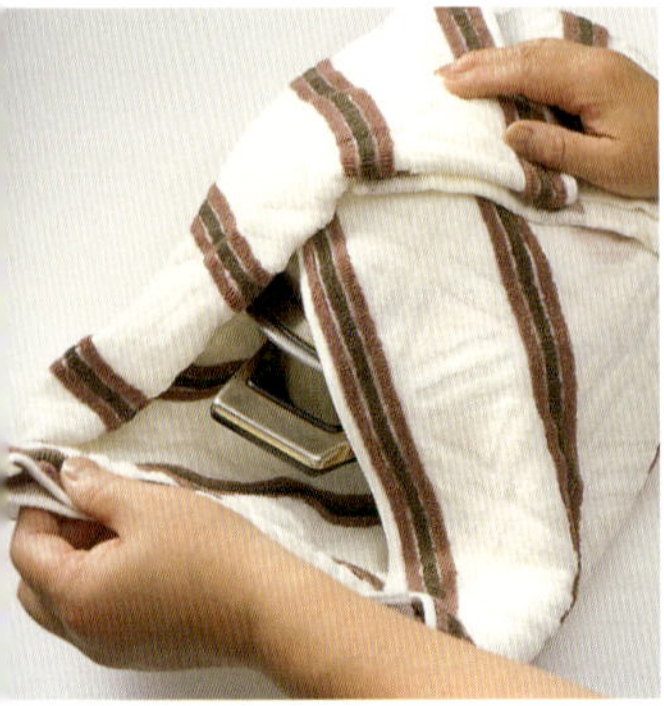

3 火からおろし、厚手のバスタオルで鍋を包み、1～2時間ほどおく。

電子レンジ利用法

電子レンジでいきなり加熱をするという、まさにスピード調理法です。ただしこの方法は、たんぱく質の多い大豆類だけにしか使えません。いんげん類などのでんぷんの多い豆は水なしでの加熱調理は無理だからです。

方法は簡単、大豆を洗って水をきりラップをして、1カップにつき約4分の割合（500ワットの電子レンジ）で加熱します。加熱しているうちに香ばしい匂いが立ち込め、ちょうど煎り大豆のようになります。

この方法には、水を使わないので大豆のイソフラボンが丸ごととれるというメリットもあります。ふんわりやわらかにはなりませんが、おもしろい食感が楽しめて、大豆料理の幅が広がります。

電子レンジで

1 大豆を洗い、水をきって耐熱ボウルに入れ、ラップをふんわりかける。

2 電子レンジで加熱する（1カップにつき500ワットの電子レンジで4分程度が目安）。

3 香ばしい匂いがして、表面がひび割れてきたら出来上がり。かたいようならフライパンでさらに空煎りしてもよい。

圧力鍋で

圧力鍋は、豆を早くやわらかく煮るのに便利です。「圧力鍋は持っているけど怖くて使えない」という人も思い切って使ってみましょう。

豆を洗い、3倍の水とともに圧力鍋に入れます。圧力鍋の落としぶた（付属品のすのこ）を必ずして、しっかりとふたを閉めます。強火にかけ、圧力がかかったらごく弱火にして2～3分加熱します。火を止め、そのまま圧力が落ちるまで30分から1時間待ちます。圧力が下がったのを確認してからふたを開け、豆のかたさをみます。

豆がまだかたかったら1～5分再加熱をしましょう。ここでまだかたさの残っている豆を鍋で普通に煮て仕上げる方法もあります。

圧力鍋でのポイントは、加熱しすぎに注意をして、豆の煮くずれを防ぐことです。

2

「いつも堂々の主役大豆の料理」

大豆は「畑の肉」と呼ばれるほど、たんぱく質を豊富に含んでいる食品です。そのうえリノール酸やサポニン、イソフラボンなどのすぐれた成分がいっぱいです。

栄養学など知らなかった先人たちも、「大豆は体にいい食べ物だ」ということはちゃんと知っていて、おふくろの味としていろいろな大豆料理を伝承してきました。たとえば黄大豆の代表的なメニューである五目豆も、豆といろいろな根菜、昆布の栄養をバランスよくとることができる料理です。大豆は煮るだけでなく、みそやしょうゆ、納豆などの発酵食品をはじめ豆腐や油揚げなどの原料になり、ヘルシーな日本型食生活を支えてきました。行事食での出番も多く、節分の煎り大豆やお正月の縁起物である黒豆もお馴染みです。

大豆はしっかり吸水させ、つけ汁ごと鍋に入れて煮ると、オリゴ糖などの成分を逃しません。また電子レンジでの加熱も、たんぱく質の多い大豆ならではの早わざです。伝統料理から新感覚の食感を楽しむ料理まで、大豆はいつも食卓の堂々の主役です。

大豆類いろいろ

大豆のミネストローネ風

藤おこわ

五目豆

大豆の煮豆の代表といえば、やっぱりこの五目豆でしょう。昆布やごぼうから出た旨みが大豆にしっかりと染み込んでいて、調和のとれたおいしさに食べ飽きることがありません。(つくり方P24)

時間のあるときに多めにつくっておけば朝食や箸休めにも最適です

煎り大豆ごはん

香ばしい煎り大豆の香りと歯ざわり、それに加えてしょうがのさわやかな風味が食欲をそそる炊き込みごはんです。

（つくり方P24）

大豆と昆布のさっと煮

厚みのある昆布とかつお節をたっぷり使い、大豆に旨みをのせました。塩分控えめに仕上げて毎日の食卓に。

（つくり方P25）

五目豆

つくっておくと重宝する常備菜です。冷蔵庫で4～5日保存できますから、少し多めにつくって冷蔵保存をしておくとよいでしょう。朝食やお弁当にもおすすめです。

薄い昆布は大豆と一緒に煮ると溶けてしまうことがあります。中厚の昆布を使い、仕上がり間際に入れるのが、きれいに煮上げるコツです。

◆材料（4人分）
大豆……2カップ強
にんじん……½本
ごぼう……10cm
こんにゃく……½枚
昆布……15cm
酒……大さじ1
砂糖、しょうゆ……各大さじ3
みりん……大さじ1

■つくり方

①大豆はよく洗い、3倍以上の水に一晩浸してもどし、つけ汁ごと鍋に入れて火にかけ、弱火で八分通り煮る（煮汁が少なくなったら差し水をし、ふきこぼれないよう火加減に注意）。

②にんじんはよく洗い、1cmのさいの目に切る。

③ごぼうは包丁の背で皮をそぎ落とし、3mmの厚さの輪切りにし、水にさらしてアクを抜く。

④こんにゃくは1cmのさいの目に切り、湯通しをする。

⑤昆布は、表面のよごれを落とし、5mm角に切る。

⑥①の大豆に②～④の材料と酒、砂糖、しょうゆを入れ、豆がやわらかくなるまで弱火で30分ほど煮る。

⑦豆やごぼうがほぼやわらかくなったら、⑤の昆布を加えてさらに10分煮て、最後にみりんを回し入れる。

煎り大豆ごはん

大豆は煎ると香ばしくなり、独特の歯ごたえが楽しめます。ただし、煎りすぎて焦がさないように注意しましょう。雑穀と一緒に炊けば、スタミナアップによいビタミンB群がさらに豊富になります。

炊き込みごはんのほかにも、冷やごはんからつくる雑炊などに入れてもおいしいでしょう。

◆材料（4人分）
煎り大豆……½カップ
米……3カップ
もちあわ……⅓カップ
昆布……10cm
しょうが……½かけ
A ┌水……3カップ強
　 │酒……大さじ2
　 └薄口しょうゆ……大さじ1

■つくり方

①煎り大豆はフライパンで軽く煎りなおす。

②米は炊く30分ほど前にとぎ、ザルにあげて水をきる。もちあわは軽く洗って水をきる。

③昆布は表面のよごれを拭き取り、1cm幅の短冊に切ったあと、小口から1mm幅の細切りに切る。

④しょうがは皮をむき、みじん切りにする。

⑤炊飯器に米、もちあわ、Aを入れて水加減してから、煎り大豆と昆布を加えて軽く混ぜて炊く。

⑥炊き上がったら全体をさっくりと混ぜる。

大豆と昆布のさっと煮

大豆と昆布はとても相性がよく、お互いの味を引き出しながら、やわらかくなります。昆布は、早煮昆布のように薄いものでは溶けてしまうことがあるので、日高昆布や釧路昆布のように中厚のものがよいでしょう。また、昆布はものによって塩の含まれる量が違います。つけ汁の塩辛さをみながら、あまり塩辛いときは、使う量を少なくしてください。

◆材料（4人分）

大豆……1½カップ
昆布……20cm
かつお削り節……ひとつかみ
A
- 砂糖……大さじ2
- しょうゆ……大さじ1½
- 酒……大さじ1
- みりん……大さじ½

■つくり方

①大豆はよく水洗いし、3倍以上の水に一晩浸しておく。

②鍋に大豆をつけ汁ごと入れて、やわらかくなるまで弱火で煮る（途中で汁が少なくなったら差し水をする）。

③昆布は表面のよごれを拭き取り、5mm角の色紙切りにし、½カップの水に30分つけておく。

④②の鍋に、大豆がかぶるくらいまで水を加え、だし袋に入れた削り節を入れ、5分ほど煮てから削り節を取り出す。

⑤③の昆布をつけ汁ごと④に入れ、Aの調味料を加え、落としぶたをして約10分コトコト煮る。煮汁がひたひたになり、昆布がやわらかくなれば出来上がり。

鉄火みそ

煎り大豆とちょっと甘めのみそでつくる鉄火みそは、気取らない素朴な味。時を超えて多くの人に愛されています。（つくり方P28）

塩大豆

大豆を電子レンジで加熱した「簡単塩豆」は酒の肴にも最適。コリコリした歯ごたえがあとをひきます。（つくり方P28）

大豆のミネストローネ風

具だくさんの野菜やベーコンからの旨みを、淡白な大豆がしっかりと吸収。温め直すほどにマイルドな味わいが深まり、ごはんにもパンにもよく合います。（つくり方P29）

栄養バランス抜群の豆料理。スープにもオリゴ糖や旨みが溶け出しています

鉄火みそ

煎り大豆とちょっと甘めのみそでつくる鉄火みそは、熱々のごはんにとても合います。米こうじ味、麦こうじ味、八丁みそなど、使うみそによって風味もさまざまです。甘め、辛めなど、お好みで調節するとよいでしょう。

長く保存できるように水分はなるべく煮切るようにします。ただし、冷めるとかたくなるので、普通のみそより少しやわらかめに仕上げるのがコツです。

◆材料（つくりやすい分量）

煎り大豆……1カップ
ごぼう……1本半（約150g）
A みそ……100g
　酒、みりん……各大さじ3
　砂糖……大さじ4
ごま油……大さじ2

■つくり方

①煎り大豆はフライパンで空（乾）煎りをし、紙に広げて粗熱をとる。
②ごぼうは短めのささがきにして、水にさらしてアク抜きをする。
③Aを混ぜ合わせておく。
④フライパンにごま油を入れて火にかけ、ごぼうを炒め、火が通ったら①を加えて炒め合わせる。
⑤④に③を加えて焦げないように煮詰め、とろみがついたら火を止めて冷ます。

●メモ　ごぼうをやわらかく仕上げたい場合は、炒めたあとに水を少し加えて蒸し煮します。

塩大豆

ご存知、塩豆を大豆で、しかも電子レンジで加熱してつくりました。ちょっとコリコリとしている豆もありますが、やわらかい豆よりかたい豆が好みという方にはおすすめです。

電子レンジにかけたあと、フライパンで空煎りをすると、食べやすくなります。ビールのおつまみやおやつにぜひお試しください。

◆材料（つくりやすい分量）

大豆……1カップ
熱湯……½カップ
塩……大さじ1

■つくり方

①大豆はさっと洗い、塩を加えた分量の熱湯に5分浸しておく。

②大豆の湯をきり、耐熱容器に入れ、ラップをして電子レンジで3分加熱する。

③フライパンを熱し、10分ほど弱火で空煎りをする。

④紙に広げて冷ます。

●メモ　電子レンジに長時間かけすぎると焦げることがあるので注意しましょう。

大豆のミネストローネ風

大豆の煮汁に溶け出ているオリゴ糖や旨みを、たっぷりの野菜と一緒に食べられる、体にとてもうれしい料理です。

出来上がった直後より、少し時間をおいてからのほうが、味がマイルドになり、一層おいしくなります。時間のあるときは少し早めにつくり、温め直してから食べるとよいでしょう。

◆材料（4人分）
大豆……1カップ
ベーコン……5枚
にんじん……⅓本
大根……5cm
玉ねぎ……½個
キャベツ……2枚
バター……大さじ1
トマトの水煮缶……1缶
大豆の煮汁と水を合わせたもの……1½カップ
ローリエ……1枚
塩、こしょう……各少々

■つくり方

①大豆はよく洗い、3倍以上の水に一晩浸してもどす。鍋につけ汁ごと入れ、やわらかく煮たあと、豆と煮汁に分ける。

②ベーコンは1cm幅に切る。

③にんじん、大根は1cmのさいの目に切り、玉ねぎ、キャベツは1cm角の色紙切りにする。

④厚手の鍋にバターを溶かし、ベーコンを炒めて香りを出し、③を加えてさらに炒める。

⑤野菜が透き通ってきたらトマトの水煮を手でくずしながら入れ、大豆の煮汁と水、ローリエ、①の大豆を加えて中火にかける。

⑥沸騰したら弱火にして、アクをていねいに取り除きながら20分煮る。

⑦野菜がやわらかくなったら、塩、こしょうで味をととのえ、器に盛る。

揚げ大豆の酢豚風

ポリポリとおいしい揚げ大豆はまるでナッツのようです。そこで中華の炒めものに使ってみました。酢を加えることで油のしつこさがなくなり、大豆がよりやわらかくなります。（つくり方Ｐ32）

電子レンジ大豆のドライカレー

電子レンジで加熱した大豆の、シコシコと弾力のある食感がとても新鮮なカレーです。大豆料理は時間がかかるので……と思われがちですが、これならぐっと身近になりますね。(つくり方P33)

大豆を電子レンジで加熱して下ごしらえ（19P参照）すればスピーディー

揚げ大豆の酢豚風

このお料理のポイントは材料を大豆の大きさに合わせて切ること。こうすると、大豆だけが食材の下に隠れて、最後に大量の大豆が残ってしまうなんてことがなくなります。中華丼のように、ごはんにかけて食べてもおいしく召し上がれます。

◆材料(4人分)
大豆……1カップ
豚肉(角切り)……200g
A[にんじん½本、たけのこ(水煮)¼個、干ししいたけ3枚、ピーマン2個
にんにく……1かけ
鶏の皮……適量
干ししいたけのもどし汁……1カップ
B[ケチャップ、酢……各大さじ2
砂糖……大さじ3
しょうゆ……大さじ1
酢……大さじ1
片栗粉、揚げ油、水溶き片栗粉……各適量
塩、こしょう……各少々

■つくり方

①大豆はさっと洗い、水をきってから耐熱容器に入れ、電子レンジで3分加熱したあと、揚げ油で2~3分、きつね色になるまで揚げる。

②豚肉は塩、こしょうで下味をつけて片栗粉をまぶし、から揚げにする。

③干ししいたけは、カサのよごれを落とし、2カップの水に30分ほど浸してもどす。

④Aの野菜は1cm角のさいの目、またはは色紙切りにし、ピーマンだけはさっと下ゆでする。にんにくはみじん切りにする。

⑤中華鍋を熱し、鶏の皮を炒めて脂が出たら皮を取り出し、④のにんにくを加えて炒め、香りを出す。

⑥⑤の鍋に、にんじん、たけのこ、干ししいたけ、大豆、干ししいたけのもどし汁、Bを加え、中火にかけて、にんじんがやわらかくなるまで15分ほど煮る。

⑦②の豚肉と④のゆでたピーマンを加えて混ぜ合わせ、塩、こしょうで味をととのえる。

⑧仕上げに水溶き片栗粉でとろみをつけ、火を止める直前に、酢を回し入れる。

●メモ　電子レンジで直接加熱した大豆を、さらに油で揚げて、中までしっかり火を通すと、しぎしぎしていた大豆がポリポリになります。ナッツのような風味を生かして、酢豚以外の炒めものに、いろいろと使いこなしてください。

電子レンジ大豆のドライカレー

ひよこ豆やナッツを入れたドライカレーが人気ですが、ここでは電子レンジで加熱した大豆でつくりました。ピリッとしたカレー味がポリポリした大豆に程よくからんで食欲をそそります。

大豆を洗うところから、カレーになって食卓に上がるまで、なんと1時間で出来上がり。もどし時間が面倒だと思われがちな大豆の料理ですが、電子レンジで下ごしらえすれば手間いらずです。食べたいと思ったときにすぐに調理にかかれるのが魅力ですね。

■つくり方

①大豆はよく洗って水をきり、耐熱容器に入れ、ラップをかけて電子レンジで4分加熱する。

②牛ひき肉にナツメグ、塩、こしょうをもみ込んでおく。

③ベーコンは1㎝幅に切り、にんにくはみじん切り、Aの野菜は粗みじん切りにする。

④フライパンにバターを熱し、ベーコンを入れて炒め、さらににんにく、玉ねぎ、セロリを加えて炒める。

⑤④の野菜がしんなりしたらにんじんを加え、全体に油がまわったら②のひき肉を加えてさらに炒める。

⑥⑤にカレー粉を加えて香りが出るまで炒め、ピーマンとBを加え、30分ほど弱火で煮込む。

⑦煮汁がほとんどなくなるくらい煮詰めたら、塩、こしょうで味をととのえる。

⑧炊きたてのごはんに、バターとパセリのみじん切りを混ぜ合わせて、器に盛る。

⑨⑧を器に盛り、⑦をかける。

●メモ　好みでレーズンをかけてもよいでしょう。

◆材料（4人分）

大豆……⅔カップ
牛ひき肉……200g
ナツメグ、塩、こしょう……各少々
バター……大さじ2
ベーコン……2枚
A 玉ねぎ……1個
A にんじん……½本
A セロリ……⅓本
A ピーマン……1個
にんにく……1かけ
カレー粉……大さじ1〜2
B トマトピューレ……1カップ
B 水……2½カップ
B ハチミツ……大さじ½〜1
B ローリエ……1枚
ごはん……4人分
バター……大さじ1
パセリのみじん切り……少々

ひたし豆とひじきのサラダ

甘く煮ないひたし豆は好みに味つけができます。しょうがじょうゆで、さっぱりといただく和風サラダも人気。（つくり方P36）

ずんだ和え

枝豆をすりつぶしたずんだは、東北地方の郷土料理。美しい緑色を生かしてみそ味をつけ、和え衣にしました。（つくり方P36）

黒豆の甘煮

おせち料理に欠かせない黒豆。一年をマメに暮らせるようにとの願いを込めた縁起物です。「シワをつくらず、ふっくら煮るのは難しい」とよく聞きますが、失敗のない簡単な方法をご紹介します。（つくり方P37）

味をつけた熱い煮汁に、黒豆をいきなり入れ、一晩おいてから炊くのがコツ

ひたし豆とひじきのサラダ

ひたし豆を主役にすると、あっさりとした和風のサラダがいろいろにつくれます。ここでは野菜とひじきを加えました。食物繊維をはじめ、鉄分やカルシウムたっぷりのヘルシーサラダになります。ドレッシングもしょうゆベースにするとごはんによく合います。

◆材料(4人分)
ひたし豆(ゆでたもの)……⅔カップ
小芽ひじき(乾燥)……大さじ1
大根……7cm
にんじん……¼本
きゅうり……½本
白煎りごま……適宜
ドレッシング
　酢……大さじ2½
　しょうが汁、しょうゆ、砂糖……各大さじ1
　塩、こしょう……各少々
　サラダ油……大さじ2

■つくり方

①ひたし豆はよく洗い、3倍以上の水に4時間浸し、つけ汁ごと鍋に入れて枝豆くらいのかたさに30~40分ゆで、ザルにあげる。

②小芽ひじきはよく水洗いし、砂やよごれを落とし、ザルにあげる。

③耐熱容器にひじきと½カップの水を入れ、ラップをして電子レンジで5分加熱して5分おき、鍋に入れてやわらかくなるまで5分ほど煮る。

④大根、にんじん、きゅうりはせん切りにし、軽く塩をふり、しんなりしたらよく水を絞る。

⑤④に①のひたし豆と、汁をきった②のひじきを混ぜる。

⑥⑤を器に盛り、白煎りごまをふりかけ、ドレッシングの材料を合わせてかける。

●メモ　ドレッシングは食べる直前にかけましょう。

ずんだ和え

大豆の未熟豆を枝豆と呼びます。大豆の未熟豆は一部をのぞいて、黄大豆、青大豆、黒大豆とも、緑色をしています。この枝豆をすりつぶしたものがずんだです。ここでは甘くしないで和え衣にしました。ずんだのきれいな緑色を生かすために濃い色のしょうゆを使わず、薄口しょうゆを使っています。

◆材料(4人分)
枝豆(塩ゆで)……1カップ
鶏もも肉(皮なし)……200g
A　西京みそ……大さじ1½
　薄口しょうゆ……小さじ1
　酒……大さじ1
塩……少々
ねぎ……20cm

■つくり方

①かためによくゆでた枝豆は、サヤから実を取り出し、すり鉢で粗くすりつぶす。すりすぎず、粒の形を残したほうが食感がよい。
②①にAの調味料を加えてよく混ぜ、和え衣をつくる。
③鶏肉は厚い身を包丁で切り広げて均一にしたら削ぎ切りにし、塩をふって下味をつける。
④鍋に鶏肉とひたひたの水、酒少々（分量外）を入れて火にかけ、鶏肉を入れてふたをし、酒蒸しにする。
⑤鶏肉に火が通ったら取り出し、熱いうちに食べやすい大きさに手で裂いて冷ます。
⑥ねぎはみじん切りにする。
⑦⑤の鶏肉を②の衣で和え、器に盛り、⑥のねぎをのせる。

●メモ　ねぎは好みでさらしたり、白髪ねぎにしてもいいでしょう。

黒豆の甘煮

洗った黒豆を、味のついた熱い汁に入れて一晩おき、翌日ゆっくりと煮るだけ。煮れば煮るほどやわらかくなります。冷めてからシワがよるのは、まだ煮え方が足りないからで、水を差してもう一度煮直せば大丈夫です。

煮上がってすぐの黒豆は、赤紫色ですが、時間がたつにつれて黒色が増してきます。一昼夜おいてからのほうが、色も味も染み込んでおいしくなります。

◆材料（つくりやすい分量）

黒豆……300g
煮汁
- 熱湯……6カップ
- 砂糖……200g
- しょうゆ……大さじ4

塩……少々

■つくり方

①分量の熱湯に砂糖、しょうゆを入れてひと煮立ちさせ、煮汁をつくる。
②黒豆をやさしく、手早く洗い、すぐにザルにあげて水をきる。
③①の汁がまだ熱いうちに黒豆を入れてふたをし、火からおろして一晩おく。
④③を入れた鍋を中火にかけ、沸騰したら弱火にし、落としぶたをしてやわらかくなるまで煮る。途中で、汁が少なくなって、豆が煮汁の上に出てしまったら差し水をし、常に豆が汁の中にあるようにする（ふきこぼれないように、焦がさないように注意）。
⑤豆が弾力のあるやわらかさになったら、塩で味をととのえ、火を止め、ふたをして冷めるまでおく。

●メモ　錆《さ》びた釘をガーゼなどで包んで入れて煮ると黒さが増します。

藤おこわ

黒豆の香りがほんのりする、薄い紫色をした炊きおこわ。黒豆が多すぎると黒っぽくなるので調節します。

◆材料（4人分）
黒豆……⅓カップ
もち米……3カップ
豆の煮汁と水を合わせて2½カップ
塩……小さじ1
酒……大さじ2
ごま塩（白）……適宜

■つくり方

①黒豆はよく洗い、塩少々を入れた3倍以上の水に浸して5〜6時間おく。

②黒豆をつけ汁ごと鍋に入れ、弱火で八分通りやわらかく煮て、冷めたら豆と汁に分ける。

③もち米は炊く30分以上前にとぎ、ザルにあげて水気をきっておく。

④炊飯器に、豆の煮汁と水を合わせて2½カップ入れ水加減をしたら、塩、酒、黒豆を加えて炊く。

⑤炊き上がったら十分に蒸らし、豆が全体にゆきわたるよう混ぜてから器に盛り、ごま塩をふる。

●メモ　藤おこわには、丹波産の大粒黒豆よりも、普通の黒豆のほうが粒が大きすぎず、ごはんに馴染みます。

黒豆リゾット

黒豆のシコシコとした食感がアクセントのリゾット。梅干しの隠し味で美しいピンク色になりました。

■つくり方

①米は調理する30分前にとぎ、ザルにあげて水をきっておく。

②黒豆はさっと洗い、耐熱容器に入れラップをして電子レンジで2分加熱する。梅干しは小さくちぎる。

③玉ねぎはみじん切り、ベーコンは1cm幅に切る。

④フライパンにバターを溶かし、③を炒め、①を加えて中火で炒める。

⑤米が透き通ってきたら分量の水と②を入れ、沸騰したら弱火にし、米がやわらかくなるまで約30分、ときどきかき混ぜながらふたをして煮る。

⑥米がやわらかくなったら粉チーズを入れ、塩、こしょうをして器に盛り、細切りにした青じそをのせる。

◆材料（4人分）
黒豆……⅓カップ
米……1½カップ
玉ねぎ……½個
ベーコン……2枚
バター……大さじ2
水……4カップ
梅干し……1個
粉チーズ……½カップ
塩……少々
こしょう……少々
青じそ……5～6枚

手づくりみそにチャレンジ

納得のいく材料を選び、添加物を入れずに仕上げた自家製みそには根強い人気があります。「手前味噌」の言葉の通り、同じ材料で仕込んでも、ご家庭によってそれぞれ味が違うのが発酵食品ならではの楽しみでしょう。

豆を煮る

大豆は水洗いし、3倍以上の水に一晩浸してもどします。鍋に豆をつけ汁ごと入れて、弱火でやわらかくなるまで煮ます。豆を指でつまんで、簡単につぶれれば煮上がりです。

（圧力鍋で煮る場合は、最大量を超えないように豆とひたひたのつけ汁を入れ、圧力鍋の専用すのこを裏返しにしてのせ、ふたをしっかり閉めて強火にかけます。圧力がかかってきたら弱火にして10分加熱して火を止め、自然に圧力が抜けるまでおきましょう）

仕込み方

①こうじと塩を混ぜる

こうじをボウルにあけ、粒をバラバラにほぐします。分量の塩からひとつかみを別に取りおき、残りをこうじとよく混ぜます。

②大豆をつぶす

やわらかく煮えた大豆の汁を軽くきり、すり鉢やボウルの中で、豆がまだ熱いうちにすりこぎやマッシャーでよくつぶします。

☆豆の煮汁はみそのかたさ調節に必要なので2～3カップとっておきます。

③みそ玉をつくる

つぶした大豆を人肌程度に冷ましたら①のこうじを加えてよく混ぜ、ひと握りずつのみそ玉をつくります。ハンバーグのように空気抜きをするとよいでしょう。

☆みそ玉がかたかったり、パサパサしている場合は、とっておいた煮汁を少しずつ加えて調節します。

④みそを仕込む

①でとっておいた塩の半量を容器の底にまき、みそ玉を隙間ができないように詰め込みます。

⑤表面をラップでおおう

④の表面を平らにして残りの塩をまき、容器の内外をぬれ布巾できれいに拭き取り、表面にラップをはりつけます。

⑥内ぶた、重石《おもし》をする

内ぶたをして重石をのせます。ごみやほこりが入らないように外ぶたをして暗くて涼しい場所に保管して熟成を待ちましょう。

☆みその発酵には26℃以上の温度が必要なので、カビが心配だからと、冷蔵庫に入れてはいけません。

⑦途中で天地返しをする

食べ頃になるまで途中で2〜3回天地返しをします。1度目は仕込んでから2〜3ヵ月後、2度目は梅雨明け頃に、天地返しをしたあとは、仕込んだときと同じように重石をしてふたをします。3度目は秋の彼岸頃にして、重石を取ります。

天地返しをすることで、こうじが活性化し、熟成がうながされて味が均一になります。カビが出ていたらていねいに取り除きます。このとき容器もきれいに拭いてください。

⑧手づくりみその出来上がり

食べ頃は最後の天地返しをしてから1ヵ月以降です。夏の暑さが厳しい地方では、家庭でつくるみそのほとんどが1年みそです。熟成したみそは暑くなってくる初夏からは冷蔵庫に保管したほうがよいでしょう。味や風味、みその色が変わるのを防ぐことができます。

時計回りに上から、こうじ、塩、大豆

◆材料
(出来上がり量 約8kg 塩分11〜12%)
大豆……2kg
こうじ……2kg
塩……850g
容器(容量10ℓの樽や密閉容器など)
重石(2〜3kg)
☆塩の分量は10〜3月仕込みの場合は850gに、気温の上がる4〜5月仕込みの場合は900gにする。

表示の分量で仕込んだみそは塩分量が約11～12％。家庭で失敗なしにつくることのできる塩分控えめの中甘口みそです。甘口にしたいからと、塩分を少なくしすぎると酸味が出てしまうことがあるので注意します。

出来上がりの量は7.5～8kg。４人家族が毎日１人１杯ずつのみそ汁を飲むとして、約６ヵ月分の量になります。

仕込み方のポイント

1 こうじ一粒一粒をバラバラにほぐしてから塩とよく混ぜる。

2 大豆はやわらかく煮て、熱いうちにすりこぎなどでつぶす。

3 つぶした大豆とこうじをよく混ぜ、みそ玉にし、両手でキャッチボールのようにして空気を抜く。

4 容器にみそ玉を隙間ができないようにつぶしながら詰め込んでいく。

5 表面を平らにし、容器のよごれをきれいに拭き、表面にラップをはる。

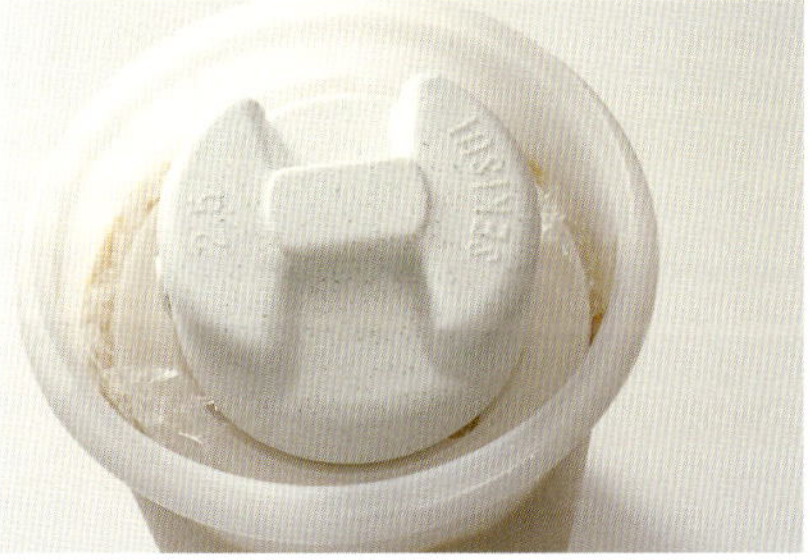

6 内ぶたをして重石をのせ、外ぶたをし、冷暗所に保管して熟成を待つ。

7 食べ頃になるまで途中で2～3回天地返しをする。

8 手づくりみその出来上がり。食べ頃は最後の天地返しをしてから1ヵ月以降。熟成したみそは初夏からは冷蔵庫に保管する。

じっくりねかせて熟成したみその香りは格別。塩慣れがして味もまろやかです

3

「お気に入りいんげん豆の料理」

いんげん豆は種類が多く、赤い色の大正金時や大粒の白花豆、虎のような模様のあるとら豆、信州の高原でつくられている高原花豆など、色や大きさもさまざまです。

いんげん豆にはでんぷん質が多いので、ホクホクとした舌ざわりと甘みがあります。この特徴を生かして甘煮をはじめ、煮込み料理やサラダなど洋風の料理にもよく使われます。なかでもメキシコ料理で有名なチリコンカンや、アメリカ映画の食卓に登場するポークビーンズは人気が高く、豆料理の講習会でも、「つくってみたい」と言う人が多い料理です。

しっかり吸水させたあと、弱火でコトコト煮るのが基本。強火だと煮くずれてしまいます。豆の形をふっくら生かそうと思ったら気長に煮込んでください。鍋返しやかき混ぜも厳禁です。

それぞれの豆によって風味が少しずつ違うので、ぜひ手づくりして豆の味の違いをお楽しみください。外では決して食べられない家庭の味になるはずです。

白花豆とソーセージの煮込み

大正金時のチリコンカン

うずら豆

白花豆

高原花豆

大正金時のチリコンカン

豆とひき肉をトマトで煮て、チリパウダーでパンチを利かせました。豆の甘みとピリ辛の調和が何ともいえず食欲をそそる、メキシコの代表的な豆料理です。（つくり方P48）

何度温め直してもおいしいチリコンカン。豆のとろみがごはんに合います

大正金時と豚肉のワイン煮

赤ワインをたっぷり使い、弱火でコトコト煮込んだ豆と肉は、とろけるようにやわらか。具材の野菜は形と彩りを生かして仕上げると、盛り映えがしてメインディッシュに最適です。（つくり方P49）

大正金時のチリコンカン

口に入れるとまず豆の甘さが感じられ、そのあとでピリ辛さが利いてきます。使う豆はひよこ豆やほかのいんげん豆でもよいでしょう。パンやごはんにのせたり、ナンやタコスに挟んでもおいしく食べられます。

◆材料（4人分）

大正金時（乾燥）……1カップ
牛ひき肉……300g
シナモンパウダー、ナツメグ……各小さじ2
ベーコン……3枚
玉ねぎ……1個
にんにく……1かけ
バター……大さじ1
赤ワイン……大さじ2
トマト水煮缶……1缶
A ローリエ……2枚
　チリパウダー……大さじ2
　パプリカ……大さじ1
　セボリ（粉）、タイム（粉）……各少々
　ハチミツ……大さじ1
塩、こしょう、パセリ……各少々

■つくり方

①豆はよく洗い、3倍の水に浸して一晩おく。

②①をつけ汁ごと鍋に入れて中火にかけ、沸騰したら弱火にしてアクを取りながら八分通り煮る。煮汁はとっておく。

③牛ひき肉にはシナモンパウダーとナツメグをふりかけ、軽く混ぜて下味をつけておく。

④ベーコンと玉ねぎはそれぞれ粗みじん切りにし、にんにく、パセリはみじん切りにする。

⑤熱したフライパンにバターを溶かし、にんにくとベーコンを炒めて香りを出し、さらに玉ねぎを加えて色づくまで炒める。

⑥⑤に③の牛ひき肉を加えて、バラバラになるまで炒め、赤ワインをふりかける。

⑦⑥を鍋に移し、②の豆の煮汁に水を足して1カップにしたものと、グズグズにつぶしたトマトの水煮を入れ、Aを加えてときどき混ぜながら30分ほど煮込む。

⑧ローリエを取り出し、塩、こしょうで味をととのえる。器に盛り、④のパセリのみじん切りを散らす。

●メモ　辛さはチリパウダーの量で調節しましょう。

大正金時と豚肉のワイン煮

豆はあらかじめ煮ておかなくても大丈夫。一晩浸した豆をつけ汁ごと肉と一緒に鍋に入れてしまいます。あとはコトコトゆっくり弱火で煮るだけ。焦がさないように気をつけさえすれば、肉と素材の味とワインの香りをたっぷり含んだ豆になります。

◆材料（4人分）
大正金時……1カップ
豚肉（肩ロースかたまり）……600g
A［塩、こしょう、ナツメグ……各少々
小麦粉……適量
サラダ油……大さじ1
玉ねぎ……4個
バター……大さじ1
トマト……1個
にんじん……½本
B［赤ワイン……1本（約750cc）
豆のつけ汁と水を合わせたもの……2カップ
砂糖……大さじ1
ローリエ……2枚
ブーケガルニ……1束
ベーコン……2枚
にんにく……1かけ
ピーマン……2個
サラダ油……適宜
塩、こしょう……各少々

■つくり方

①大正金時は水洗いし、3倍の水に一晩浸し、吸水したら豆と汁に分けておく。

②豚肉は4cm角に切り、Aをふって小麦粉をつけ、サラダ油を熱したフライパンで表面を焼き、取り出す。

③玉ねぎ2個は薄切り、残りは4つ割りにする。トマトはざく切り、にんじんは乱切りにする。

④ピーマンは種を取り、ざく切りにしてさっとゆでる。

⑤②のフライパンにバターを溶かし、③の薄切りの玉ねぎをゆっくりときつね色になるまで炒める。

⑥厚手の鍋に②の豚肉、⑤の玉ねぎ、③のトマトとにんじん、①の金時豆、Bを入れて強火にかけ、沸騰したら火を弱め、アクを取り除きながら1時間ほど煮る。

⑦フライパンにサラダ油少々を熱し、みじん切りのにんにくと1cm幅に切ったベーコンを炒めて脂を出し、③の4つ割りの玉ねぎを炒める。

⑧⑥の鍋からブーケガルニとローリエを取り出し、⑦を加え、アクを取りながら弱火で1時間煮る。

⑨煮汁がひたひたになったら、塩、こしょうで味をととのえ、④のピーマンを加えて器に盛る。

●メモ　材料が煮くずれないよう、鍋の中をあまりかき混ぜないようにして煮込みましょう。

大正金時の甘煮

煮豆の代表といえばこの金時豆の甘煮。失敗することが少ないので、豆を煮るのは初めてという方にもおすすめします。落としぶたをし、弱火でゆっくり煮るのがコツです。(つくり方P52)

三色豆のマリネ

うずら豆、とら豆、大福豆でつくりました。酢とレモンの味がさわやかで、いんげん豆のおいしさいっぱいです。（つくり方P52）

大福豆《おおふくまめ》のタラモサラダ風

これが豆？ と驚くような味ですが、明太子と妙にマッチして好評です。ディップにしてパンや野菜につけてもOK。（つくり方P53）

マリネは表面をレモンの輪切りでおおい、冷蔵庫で半日以上冷やしましょう

大正金時の甘煮

大正金時は水に浸しておくと、赤い色が溶け出てきます。赤い色をきれいに仕上げるためには浸し汁ごと鍋に入れて煮ましょう。くずさず形よく仕上げるには、決してかき回したり、鍋返しをしてはいけません。たくさんつくったら、小分けにして冷凍保存してください。

◆材料（4人分）
大正金時……2カップ（300g）
水……7カップ
砂糖……1¼カップ（180g）
塩……小さじ½

■つくり方

①大正金時はよく水洗いし、分量の水に一晩浸しておく。

②豆をつけ汁ごと鍋に入れて中火にかけ、沸騰したら弱火にし、アクをていねいに取り除き、落としぶたをしてやわらかくなるまで煮る（途中で、煮汁が少なくなって、豆が汁の上に出てしまうようなら、差し水をして豆が常に煮汁の中にあるようにする）。

③豆が十分にやわらかくなって、くずれそうになったら、砂糖の⅓量を入れ、5分ほど煮る。砂糖が全体にまわったら、残りの砂糖を2回に分けて入れ、全体にまわして5分ほど煮る。

④砂糖が完全に溶け、味が均一になったら塩を加えて全体にまわるようにする。

⑤火を止め、ふたをして豆が冷めるまでおき、味を染み込ませる。

三色豆のマリネ

いんげん豆を組み合わせて彩りをきれいに仕上げました。豆にしっかり味を染み込ませたほうがおいしく食べられますから、つくってから半日はおきましょう。冷蔵庫で4〜5日は保存できます。朝のパン食などに添えてもよく合います。

◆材料（4人分）
うずら豆（ゆでたもの）……1カップ
とら豆（ゆでたもの）……1カップ
大福豆（ゆでたもの）……1カップ
玉ねぎ……⅔個
レモン……1個
ドレッシング
- 酢……大さじ4
- 砂糖……大さじ2
- 塩……小さじ1
- オリーブ油……大さじ3
- こしょう……少々
- おろしにんにく……1かけ分

パセリ……2本

■つくり方

①ゆでた豆が冷めていたら湯をわかして豆を入れ、ひと煮立ちさせて温めてザルにあげ、ゆで汁をきっておく。

②玉ねぎはみじん切りにし、塩もみをして水洗いをし、しっかり絞る。

③レモンは薄い輪切りにする。

④ドレッシングの材料を混ぜ合わせる。

⑤密封容器に①の豆と玉ねぎを入れてドレッシングで和え、レモンで表面を隙間なくおおい、ラップをはりつけてふたをし、冷蔵庫に入れる。そのまま半日以上おく。

⑥パセリはみじん切りにする。

⑦⑤のレモンの薄切りをいちょう切りにし、豆とともに器に盛り、パセリのみじん切りを散らす。

●メモ　豆は温めたほうがドレッシングがよく染みます。

大福豆のタラモサラダ風

タラモサラダといえばじゃがいもですが、大福豆のホクホク感を生かしてつくってみました。じゃがいもとはまた違った食感で、おいしさが楽しめます。黒こしょうをピリッと利かせるとよいでしょう。

◆材料（4人分）
大福豆（ゆでたもの）……1カップ
明太子……1腹
ワインビネガー……小さじ½
マヨネーズ……大さじ1
塩、こしょう……各少々
黒こしょう（粗びき）……少々
パセリ……少々

■つくり方

①大福豆はやわらかくゆでてザルにあげ、ゆで汁をきり、熱いうちにワインビネガーをふりかける。

②明太子は腹を包丁で平らに開き、スプーンで卵を取り出す。

③ボウルに①の大福豆を入れ、すりこぎなどで粗くつぶす。

④③を明太子とマヨネーズで和え、塩、こしょうで味をととのえる。

⑤器に盛り、黒こしょうをふって、パセリを添える。

●メモ　大福豆はあまりつぶしすぎず豆の食感を残して仕上げたほうがおいしく食べられます。ワインビネガーがなかったらレモン汁を使ってもよいでしょう。

ポークビーンズ

西部劇でもしばしば目にする豆料理の定番です。最近では学校給食にも登場し、子供たちの評判も上々と聞いています。キャンプでの野外料理などにもぴったりのメニューです。(つくり方P56)

手亡と雑穀のお粥

白いんげんのなかでも粒が小さな手亡は、他の豆より短い時間でふっくらやわらかく煮えます。ビタミンやミネラルの豊富な玄米や雑穀と合わせ、ヘルシーなお粥をつくりました。(つくり方P57)

手亡のとろみが雑穀のぼそぼそ感をカバーした、のど越しのよいお粥です

ポークビーンズ

ポークビーンズの言葉の通り、豚肉と豆をトマト味で煮込んだ料理で、気取らず、誰にでも好まれる味です。豆は白いんげんに限らず、大正金時や大豆を使ってもよいでしょう。

◆材料（4人分）
手亡……1カップ
豚肉（薄切り）……200g
ベーコン……3枚
にんにく……1かけ
玉ねぎ……1個
にんじん……½本
ピーマン……2個
バター……大さじ1
トマトソース（約300g）……1缶
トマトジュース（無塩）……1缶
ハチミツ……大さじ1
パプリカ……大さじ½
オールスパイス、塩、こしょう……各少々

■つくり方

①手亡はよく洗い、ひたひたの水を入れて火にかけ、沸騰したらゆで汁を捨てる。

②①に3カップの新しい水を入れて火にかけ、沸騰したら火を止めてふたをし、バスタオルで包んで1時間おき、豆と煮汁に分ける。煮汁はとっておく。

③豚肉とベーコンは1cm幅に切り、にんにく、玉ねぎはみじん切りにし、にんじんとピーマンは5mm角のさいの目に切る。

④鍋にバターを溶かし、③のにんにくとベーコンを炒める。

⑤④に香りがたったら、豚肉、玉ねぎ、にんじんを加えて、全体に油がまわるように炒める。

⑥⑤にトマトソース、トマトジュースを入れて、ひと煮立ちしたら、②の豆と煮汁1カップ、ハチミツ、パプリカを加え、アクを取りながら弱火で煮込む。

⑦豆がやわらかくなって、汁がひたひたになったらピーマンを入れ、オールスパイス、塩、こしょうを加えて味をととのえ、火を止める。

●メモ　この方法なら、豆を一晩浸しておかなくてもやわらかくもどせるので、思いついたときにすぐにつくれて便利です。トマトジュースは無塩のものを使うと味つけが好みにできます。また、煮上げたらすぐに食べずに30分以上おくと味がよく染みておいしくなります。

手亡と雑穀のお粥

ビタミン類豊富な玄米に、雑穀6種類と手亡を組み合わせてお粥にしました。手亡は半つる性で他の豆のように手竹（支柱）の必要がないことからこのように呼ばれる豆です。この組み合わせなら白米には少ないビタミン類や食物繊維がたっぷりとれるうえ、粥にすることで雑穀独特のぼそぼそ感をカバーすることができます。

◆材料（4人分）
手亡……½カップ
玄米……½カップ
黒米……小さじ2
もちあわ……大さじ2
もちきび、ひえ、そば米、はと麦精白粒……各大さじ1
豆の煮汁と水を合わせたもの……4カップ
塩……小さじ1
煎りごま……少々

■つくり方

①手亡はよく洗い、3倍の水とともに土鍋に入れて火にかける。沸騰したらバスタオルに包んで保温し、1時間おく。

②玄米、黒米を合わせてとぎ、ザルにあげて水をきる。他の雑穀も水に流さないように気をつけてとぎ、水をきる。

③豆の煮汁と水を合わせて4カップにして温め、②を全部一緒に入れて30分浸しておく。

④鍋に③を全部入れて中火にかけ、沸騰したら弱火にして30分炊く。

⑤汁がひたひたになり、雑穀が粥状になったら塩を加え、5分ほどそのまま炊く。

⑥茶碗に盛り、煎りごまをふりかける。

白花豆のきんとん

市販のきんとんは大福豆が使われていますが、ここでは白花豆を使いました。豆の粒が大きいので、あんに包まれても存在感があって、手づくりならではのおいしさです。

（つくり方P60）

豆は粒のままの甘煮とあんをそれぞれつくり、あんをからめて仕上げます

白花豆とソーセージの煮込み

大粒で見栄えのよい白花豆と手近な野菜、ソーセージを一緒に煮込みました。ソーセージに使われているスパイスがスープに溶け出し、とてもよい味になります。

（つくり方P61）

白花豆のきんとん

黒豆のほかにも、お正月の豆料理に欠かせないのが豆きんとん。大粒の白花豆でつくったきんとんは祝い膳に最適です。おせちは日持ちが大切なので、砂糖はいつもより少し多めに使います。甘さは好みにもよりますが、保存性を考えると豆（乾燥豆）の重さの7割強の上白糖を目安にして仕上げるとよいでしょう。

◆材料（つくりやすい分量）
白花豆……300g
上白糖……220g
塩……少々

■つくり方

①白花豆はよく洗い、3倍以上の水に一晩浸しておく。

②鍋に豆と新しい水をひたひたに入れて中火にかけ、沸騰したらゆでこぼし、新しい水を入れ同様にゆでこぼす。

③豆が隠れるくらいの水を入れ、沸騰したら弱火にし、落としぶたをしてやわらかくなるまで煮る（途中で汁が少なくなったら差し水をし、常に豆に汁がかかっているようにする）。

④豆が十分にやわらかくなったら、豆の半量を取り、生こしあんをつくる（P72参照）。煮汁も½カップを別に取りおいておく。

⑤鍋に残った豆に上白糖の半量を2～3回に分けて入れ、上白糖が溶けて全体にまわったら塩少々を加えて甘さを引き締め、火を止める。

⑥④の生こしあんに④の煮汁と残りの上白糖を加え、焦がさないように練りながら、とろりと煮詰める。

⑦⑤と⑥を鍋に合わせ、豆をくずさないように全体にあんをからめ、味をみて塩少々で味をととのえる。火を止め、布巾をかぶせて冷めるまでおく。

白いんげん粉を使う場合

いんげん粉を使う場合は、豆の量を半分にして煮ます。いんげん粉でつくるあんの砂糖の量は、生こしあんの重さの半分くらいが適当です。いんげん粉は、そのまま使うと粉のにおいが気になります。次の処理をするとおいしくなります。

白いんげん粉をボウルに入れ、たっぷりの水を注いでよく混ぜ、そのまま粉が沈むまで静かにおきます。濁った水をそっと捨て、きれいな水を注ぎ同様にします。最後に粉ごと晒《さら》しの袋にあけてしっかり絞ります。こうしてできたのが生こしあんです。

白花豆とソーセージの煮込み

特別な材料は用意しなくても、冷蔵庫にいつもあるようなもので、手軽につくることができる豆料理です。出来たてより時間をおいたほうが味が染み込んでおいしくなります。パン食にもよく合うので、朝食用に前日の夜に煮ておくとよいでしょう。

◆材料（4人分）

白花豆……2カップ
ウインナーソーセージ……10本
ベーコン……2枚
玉ねぎ……1個
キャベツ……2枚
にんじん……½本
ピーマン……2個
バター……大さじ2
だし汁……3〜4カップ
トマトケチャップ……½カップ
ローリエ……2枚
塩、こしょう……各少々

■つくり方

①白花豆はよく洗い、3倍以上の水に一晩浸しておく。

②鍋に豆とかぶるくらいの水を入れて中火にかけ、沸騰したらゆで汁を捨てる。新しい水を入れて再度沸騰させ、ゆで汁を捨てる。

③②の鍋に豆がかぶるくらいの水を入れ、落としぶたをして弱火で八分通りに煮上げる。煮汁はだし汁と合わせて使うので、とっておく。

④ソーセージは斜めに切り目を入れ、大きいものは食べやすい大きさに切り、ベーコンは1cm幅に切る。

⑤玉ねぎ、キャベツはざく切りにし、にんじんは乱切りにする。ピーマンは種を取り除き、食べやすい大きさに切り、さっとゆでる。

⑥深めの鍋を火にかけて、バターを溶かし、ベーコンを炒め、キャベツ、にんじん、ソーセージを加えてさらに炒める。

⑦白花豆と③でとっておいた煮汁、だし汁をひたひたに入れ、ローリエとケチャップを加えて20分煮る。

⑧最後に塩、こしょうで味をととのえ、⑤のピーマンを加えて、温める程度に煮て、火を止める。

●メモ　だし汁は固形スープ2個を熱湯3〜4カップに入れたもの。和風の昆布だし汁でもよい。

とら豆のパンケーキ

甘く煮た煮豆をそのまま食べるだけではなく、おやつづくりに役立てましょう。いつものパンケーキに入れて焼くと、ちょっと和風の味わいになって、紅茶にも日本茶にも合います。（つくり方Ｐ64）

とら豆のコロッケ

ホクホクしたとら豆の食感と、焼き麩を使ってパリッと仕上げた衣がひき立て合って、ちょっと個性的なおいしさのコロッケです。ウスターソースにとてもよく合います。（つくり方P65）

焼き麩を粉にして、衣とつなぎに使ったら、軽い感じに仕上がりました

とら豆のパンケーキ

常備食の煮豆を使ってパンケーキをつくりました。お子様のおやつにも喜ばれます。パンケーキの生地にもミキサーで粉砕した煮豆を入れるので、豆の味のする、少ししっとりとしたパンケーキになり、まるでどら焼きを食べているようだと人気です。

◆材料（4人分）
とら豆の甘煮（P16の「いんげん豆の甘煮」と同様につくる）……1½カップ
小麦粉……100g
砂糖……大さじ1
ベーキングパウダー……小さじ2
バター……大さじ1
卵……1個
牛乳……⅔カップ
バニラエッセンス……少々
ホイップクリーム……適量
ミントの葉……適宜

■つくり方

①とら豆は、粒のきれいなものを飾り用に½カップ分ほど取り分けておく。
②小麦粉に砂糖、ベーキングパウダーを混ぜ合わせて、ふるっておく。
③バターを湯せんで溶かし、卵を割り入れてすり合わせる。
④③に①の飾り用以外のとら豆と牛乳を加えてミキサーにかける。
⑤④に②の粉を加え、粘りが出ないようにざっくりと混ぜてから、生地を10分ねかせる。
⑥ホットプレートを160℃に温め、お玉に八分目くらいの生地を円形に流し入れる。
⑦表面にプツプツと細かい泡ができたら裏返して焼き上げる。
⑧焼き上がったパンケーキを食べやすく切って皿に盛り、バニラエッセンスを加えたホイップクリームと、①で取り分けた飾り用のとら豆、ミントの葉を飾る。

●メモ　材料の煮豆は、とら豆に限らず、うずら豆、白いんげん、うぐいす豆、小豆などでもおいしくつくれます。

とら豆のコロッケ

やわらかく煮たとら豆に、粉チーズでコクを加えました。中身は豚肉に限らず、好みでアレンジしてもよいでしょう。焼き麩を粉にして衣に使っているので軽い口当たりに仕上がります。この焼き麩の粉はコロッケのかたさを調節したいときにも使いましょう。

◆材料（4人分）
とら豆……1カップ
豚ひき肉……200g
玉ねぎ……½個
パセリ……2～3本
焼き麩……適量
サラダ油……大さじ1
粉チーズ……大さじ2
塩、こしょう……各少々
小麦粉、揚げ油……各適宜
卵……1個
キャベツ、ピーマン、トマト、パセリ（飾り用）……各適量
ウスターソース……適量

■つくり方

①とら豆は水洗いし、3倍の水に一晩浸してからやわらかく煮る。

②玉ねぎはみじん切りにし、パセリは飾り用を少し残して軸を取り、葉の部分を細かいみじん切りにする。

③麩はフライパンで空煎りし、紙に広げて冷まし、すりこぎなどでつぶすようにして粉にする。

④フライパンにサラダ油を熱し、玉ねぎと豚ひき肉を炒め、塩、こしょうで下味をつける。

⑤①のとら豆をザルにあげて汁をきり、ボウルに入れて、すりこぎなどでつぶす。

⑥⑤に④と粉チーズ、②のパセリを加えて混ぜ、やわらかい場合は、③の麩を加えてかたさの調節をし、塩、こしょうを加えて味をととのえる。

⑦⑥が少し冷めたら、8等分して小判形に丸め、小麦粉、溶き卵、麩の順に衣をつけ、180℃の油でこんがり揚げる。

⑧キャベツはせん切りにし、ピーマンは種を取って輪切りに、トマトも輪切りにする。

⑨⑦を器に盛り、⑧の野菜と飾り用のパセリを添え、好みでウスターソースをかける。

●メモ　焼き麩は、フライパンで空煎りするか、オーブンで軽くあぶってから粉にすると、パリパリして簡単に粉にできます。

高原花豆の甘煮

大きな紫色の花豆はホクホクとした煮上がりが人気。お砂糖を入れるタイミングがやわらかさの秘密です。

◆材料（つくりやすい量）
高原花豆……300g
砂糖……200g
塩……小さじ½

■つくり方

①高原花豆はよく洗い、3倍以上の熱湯に一晩浸してもどし、新しい水とともに鍋に入れて中火にかけ、沸騰したらゆでこぼしをする。これをもう一度繰り返す。

②豆の上に水が2～3㎝かぶるくらいの水を入れて中火にかけ、沸騰したら火を弱め、落としぶたをしてやわらかくなるまで煮る。途中で汁が少なくなって、豆が出てしまったら差し水をする。

③豆がやわらかくなって、汁がひたひたになったら、分量の砂糖を3～4回に分けて入れ10分ほど煮、塩を加えてさらに5分ほど煮て味を均一にする。

④火を止め、ふたをして冷ます。

高原花豆と大根の含め煮

高原花豆なら、大根と長時間煮込んでもべとべとになりません。甘さをおさえてだしを利かせた煮物です。

◆材料（4人分）
高原花豆……1カップ
大根……½本
かつおだし汁……4カップ
A［酒……大さじ2
砂糖……大さじ1
薄口しょうゆ……大さじ1］
しょうゆ……大さじ1
みりん……大さじ1
針しょうが……適量

■つくり方

①高原花豆は水洗いし、3倍以上の熱湯に浸し、落としぶたをして一晩おく。

②鍋に豆と新しい水をひたひたに入れて中火にかけ、ゆでこぼしをする。これを繰り返したら新しい水をかぶるくらいに入れ沸騰したら弱火にし、落としぶたをして八分通り煮る。

③大根は厚めのいちょう切りにする。

④鍋に豆と大根、だし汁、豆の煮汁を入れて中火にかけアクを取り、Aとしょうゆ大さじ½を加え、落としぶたをして弱火で1時間ほど煮込む。

⑤仕上げにみりんと残りのしょうゆを加え、ひと煮立ちさせたら火を止める。そのまま1時間冷まし、もう一度温めてから器に盛って、しょうがを飾る。

4

「お馴染み小豆、ささげ、えんどう、そら豆の料理」

和菓子屋さんのそばを通ると、小豆を煮るよい匂いが漂ってきて、むしょうに和菓子が食べたくなったことはありませんか。季節の移り変わりを表現する和菓子は、私たち日本人の心をなごませてくれます。

その和菓子になくてはならない「あん」。これをつくることが小豆を煮る基本です。小豆の粒が残っている「粒あん」、なめらかで繊細な「こしあん」、どちらにも甲乙つけがたい魅力がありますね。

この小豆とよく似た豆がささげです。皮がしっかりしているうえ、「赤い色が邪気を祓う」と言われ、お赤飯に使われます。また、えんどう豆は赤、緑ともおやつづくりに欠かせません。赤えんどうはみつ豆や豆かん、青えんどうはうぐいすあんの材料になります。初夏に出回るそら豆は、美しい緑色を生かして翡翠煮や卵とじで楽しんだり、もちろん塩ゆでにしてビールの友にも最適です。

こうしてみると豆は、四季を通じて私たちの食卓をバックアップしてくれる、大きな存在であることがわかります。

大納言小豆

おはぎ

そら豆の翡翠煮

青えんどう

お汁粉

お汁粉には、つぶしあんの「田舎汁粉」、こしあんの「御前汁粉」があります。たくさんつくって冷凍しておけば、こんがり焼いたお餅を入れて、いつでもお汁粉が楽しめます。（つくり方P73）

砂糖を加えたつぶしあんは、木じゃくしで一方向に混ぜると艶が出ます

おはぎ

春秋のお彼岸といえばおはぎ。牡丹の花が咲く春には「ぼた餅」、萩の花が咲く秋には「おはぎ」と季節によって呼び名が変わります。つぶしあん、こしあんはお好みでどうぞ。（つくり方P73）

こしあんは、ザルで少しずつあんをこし、水の中に落としていきます

つぶしあん

あんづくりは和菓子の基本です。これをマスターすれば、いろいろな和菓子づくりも簡単。粒の残るつぶしあんにはちょっと贅沢に大納言小豆を使ってもよいでしょう。

◆材料（出来上がり量……800～850g）
小豆……300g
砂糖……200g
塩……小さじ⅔

■つくり方

①小豆はよく洗い、かぶるくらいの水とともに鍋に入れ、強火にかける。

②沸騰したら、ゆで汁を全部捨て、きれいな水を入れて再び沸騰させ、ゆで汁を捨てる。

③鍋に小豆をもどし、たっぷりの水を入れて中火にかけ、沸騰したら浮いてきたアクをていねいに取り除く。

④豆が汁を吸って、煮汁がなくなったら、水を差して小豆がくずれるくらいまで煮る。

⑤小豆をすりこぎなどで粗つぶしにし、鍋にもどして分量の砂糖を2～3回に分けて加え、砂糖が全体にまわるまで5分ほど煮る。

⑥強火にし、鍋の中を木じゃくしで底のほうからゆっくり混ぜ、ブツブツと煮えてきたら塩を加える。すくったあんがポタッと山形に落ちるようになるまで練り上げ、そのまま冷ます。

こしあん

小豆の皮を取り除いたなめらかなあんです。繊細な生菓子によく使われます。ちょっと手間がかかりますが、練り上げることでなめらかさが増し、やさしい味のするあんになります。

◆材料（出来上り量……700～750g）
小豆……300g
砂糖……200g
水あめ……大さじ1～2
塩……小さじ½

■つくり方

①つぶしあんの①～④と同様にす

る。

②鍋の中で小豆を粗つぶしにする。

③ボウルにザルを重ね、水を半分くらいまで入れ、その中で②の豆をつぶしながらこす（残った皮は捨てる）。

④別のボウルに裏ごし器の底がつかるようにして半分くらいまで水を入れ、③のあんを少しずつこし、水の中にあんを落とす。

⑤④でできたあんを晒しの袋に入れて口をしっかりと締め、水を絞り、最後にタオルに包んで水気を絞り出す（約500～550gの生あんができる）。

⑥鍋に⑤の生あんと砂糖、水あめ、水1/2カップを入れて中火にかけ、底のほうから木じゃくしで混ぜながら焦がさないようにゆっくりと練る。

⑦プツプツと煮詰まってきたら塩を加えて混ぜ、つぶあんと同様に練り上げて冷ます。

お汁粉

つぶしあんとこしあん、好みのあんでつくりましょう。箸休めに漬物や佃煮を添えると甘さがひき立ちます。

◆材料（4人分）
あん……400g
水……2カップ
餅……適宜

■つくり方

①あんに水を加えて薄め、火にかけて温める。

②味をみて、甘さが足りない場合は砂糖を加え、塩で甘さを引き締め、全体をなじませる。

③餅を焼き、椀に入れて①を注ぐ。

おはぎ

つぶしあん、こしあんの好みのあんでつくりましょう。ラップやかたく絞ったぬれ布巾を使うとくっつきません。

◆材料（おはぎ約20個分）
あん……600g
もち米……2カップ
水……320cc

■つくり方

①もち米は炊く30分以上前にとぎ、分量の水で炊き、軽くつぶす。

②ごはんを一口大より小さめに丸める。

③あんを②のごはんと同じくらいの大きさに丸めて平たくし、ごはんを包んで形を整える。

赤飯

祝い事やお節句などに重箱に詰めたお赤飯があると、改まった気持ちになってうれしいものです。「苦難を転ずる」という意味を込めた南天の葉を古式ゆかしく添えましょう。（つくり方P76）

もち米が冷めるくらい、たっぷり打ち水をするのがやわらかさの決め手です

小豆粥

お正月の15日には邪気を祓い、無病息災を祈願して小豆粥を食べる習慣があります。小豆がほんのり香るお粥は、体を芯から温め、ごちそう続きで疲れた胃腸も休めてくれます。(つくり方P77)

赤飯

関東ではお赤飯にささげが使われます。小豆では皮が切れやすく「切腹」を想像することから、武士文化の関東では、皮の切れにくいささげが使われるようになりました。

一方、宮中ではお祝い事があると、小豆粥をふるまったことから、宮中文化の流れを受ける関西は、お赤飯に小豆が使われます。

◆材料（4人分）
ささげ……¼カップ
もち米……3カップ
ごま塩……少々

■つくり方

①ささげはよく洗い、2カップの水を入れて火にかけ、沸騰したら½カップの差し水を2度ほどし、アクを取りながら八分通りのやわらかさに煮る。

②豆が煮えたら火を止め、そのまま冷めるまでおき、豆と汁に分ける。汁はお玉で何度かすくって色出しをする。

③もち米をとぎ、②の汁に3～4時間浸しておく。汁が少ないときは、米がかぶるくらいまで水を加える。

④蒸し器の底にぬれ布巾を敷き、残り少々のささげをパラパラとまき、残りのささげと米を混ぜ合わせてから蒸し器にドーナツ状に入れる。

⑤沸騰した湯が入った鍋に蒸し器をのせ、しっかりとふたをして強火で10分蒸す。

⑥蒸し器を鍋から取りはずし、ささげの煮汁と水をたっぷりとかける（打ち水）。

⑦蒸し器を再び鍋にのせて蒸し、米が透き通ってやわらかくなるまで強火で20分蒸す。

⑧蒸し上がった赤飯を、飯台などにあけて豆が均一になるようにさっくりと混ぜ、布巾をかぶせて粗熱を取る。器に盛り、ごま塩をふる。

●メモ　「打ち水」というと、指先や、お玉などでちょっと水を打つように思いがちですが、これでは米がやわらかくなりません。蒸し器の米がすっかり冷めるくらいにたっぷりと水をかけるのがコツです。こうするとやわらかく炊き上がります。

小豆粥

小豆の香りがふんわりとする粥は、おなかにやさしく、寒い冬にはもってこい。ダイエット食としてもおすすめです。

◆材料(4人分)
小豆……½カップ
米……2カップ
煮汁と水を合わせたもの……米の5～7倍量
塩……少々
青ねぎ……適宜

■つくり方

①小豆はよく洗い、ひたひたの水を入れて火にかけ、沸騰したらゆで汁を捨て、新しい水をたっぷり入れて中火にかけ、かたさが残るくらいに煮る。

②米はよくとぎ、小豆とともに厚手の鍋に入れ、小豆の煮汁と水で分量の水加減にして30分おく。

③②を強火にかけ、沸騰したら弱火にし、ふきこぼれないように気をつけながら米がやわらかくなるまで炊く。

④最後に塩を加えて混ぜ、味をととのえる。仕上げに、小口切りにした青ねぎを散らす。

●メモ　土鍋で煮て、鍋ごと食卓にのせ、取り分けながら食べても熱々が楽しめます。

炊きおこわ

お赤飯は、蒸し器でなく、炊飯器で炊き込むこともできます。蒸し器がない場合や、少量炊きたいときなどにおすすめの方法です。材料はふかしてつくるお赤飯と同じです。

■つくり方

①ささげはお赤飯(蒸し器でつくる)のプロセス①～②と同様に煮て色出しする。

②もち米はといでザルにあげ、炊飯器に入れ、ささげの煮汁と水を合わせて2½カップにしたものを加える。

③ささげを加えて炊飯をし、炊き上がったら、お赤飯(蒸し器でつくる)と同様にする。

かぼちゃのいとこ煮

おふくろの味と呼びたい懐かしい味の煮物。小豆とかぼちゃは別々に煮ますが、小豆の甘さを控えめにしておけば、かぼちゃの甘さが負けません。(つくり方P80)

小倉シャーベット

手軽につくれる手づくりシャーベット。植物油脂のホイップクリームを使うと口ざわりが軽くなめらかな食感になります。（つくり方P80）

ささげのみぞれかん

道明寺粉の粒々がまるでみぞれのように見える涼しげなお菓子。甘く煮たささげを入れ、流し缶で固めます。（つくり方P81）

赤いささげをたっぷり入れた、もちもちっとおいしい寒天寄せをどうぞ

かぼちゃのいとこ煮

かぼちゃはカロテンが豊富で保存の利く夏野菜です。滋養のある小豆と組み合わせて夏バテを封じるもよし、冬至にホクホクを楽しむもよしです。

ここではかぼちゃと小豆を一緒に煮ましたが、別々に煮てかぼちゃを器に盛ってから小豆をかけてもよいでしょう。盛りつけに変化がつきます。

◆材料（4人分）

小豆（ゆでたもの）……1カップ
小豆のゆで汁……適量
砂糖……大さじ3
塩……少々
かぼちゃ（中玉）……½個
煮汁
- 水……1½カップ
- 酒……大さじ1
- 砂糖……大さじ5
- しょうゆ……大さじ½

■つくり方

①鍋にゆでた小豆を入れ、ひたひたの小豆のゆで汁と砂糖を加えて弱火にかける。

②砂糖が馴染んだら塩を加えて甘さを引き締め、火を止める。

③かぼちゃは洗い、種とわたをスプーンで取って3㎝角に切り、面取りをして塩をまぶしておく。

④鍋にかぼちゃと煮汁を入れて弱火にかけ、落としぶたをしてやわらかくなるまで煮る。

⑤煮上がる寸前にしょうゆを回し入れ、ひと煮立ちしたら小豆を加えて1～2分煮て、火を止める。

●メモ　かぼちゃは弱火で静かに煮ます。鍋返しをしたりかき混ぜると形がくずれてしまうので注意しましょう。

小倉シャーベット

あんとホイップクリームを、冷蔵庫で固めて混ぜるだけの簡単おやつ。

◆材料（つくりやすい分量）

つぶしあん（P72参照）……400g
生クリーム……1カップ

■つくり方

①生クリームを軽く泡立て、あんを入れて混ぜ合わせる。ステンレスのボウルに入れ、冷凍庫で30分固める。

②周りから固まってきたら、泡立て器やスプーンで混ぜて冷凍庫にもどし、これを繰り返して固める。

ささげのみぞれかん

甘く煮たささげを道明寺粉とともに寒天で寄せました。ささげの煮汁を使うと、きれいな赤色の寒天寄せができます。白い粒々がみぞれのように見える夏にふさわしい涼しげな和菓子です。道明寺粉のもちもちとした食感をお楽しみください。

◆材料（つくりやすい分量）
ささげ……⅓カップ
砂糖……50g
塩……少々
道明寺粉……40g
粉寒天……4g
ささげの煮汁と水を合わせたもの……2カップ
上白糖……100g

■つくり方

①ささげはよく水洗いし、3カップの水を入れてやわらかくなるまで煮る（途中、アクを取り、汁が少なくなったら差し水をする）。

②①に砂糖を2～3回に分けて加え、5分ほど煮てから塩少々を加え、火を止めて冷まし、豆と汁に分ける。

③道明寺粉はさっと洗い、耐熱容器に入れ、40ccの水を加えて混ぜ、電子レンジで2分30秒加熱する。

④粉寒天に水大さじ2をふり入れて混ぜ、15分おいてふやかしておく。

⑤鍋に④と、②のささげの煮汁と水を合わせて2カップにしたものを入れて中火にかける。

⑥沸騰したら弱火で2分煮たあと、ささげと上白糖を加えて煮溶かす。

⑦③の道明寺粉をボウルに入れ、⑥を少しずつ加えて、道明寺粉の粒がバラバラになるようにほぐす。

⑧⑦のボウルを冷水に浸し、木じゃくしでゆっくりと混ぜながらとろみをつける。

⑨流し缶の内側を水で濡らし、⑧を流し入れ、表面を平らにして、冷蔵庫に入れて冷やし固める。

⑩⑨が固まったら流し缶から取り出し、食べやすい大きさに切り分けて皿に盛る。

●メモ　型に流し込む前に寒天の粗熱をしっかり取り、とろみが出てから流し缶に入れます。そうすれば豆と道明寺粉と寒天がそれぞれ分離せずにきれいに固まります。

塩えんどう

みつ豆や豆大福に入っているのがこの赤えんどう。ゆでて塩味をつければヘルシーなおつまみになります。（つくり方P84）

豆かん

塩豆をつくったら、ぜひ食べたいのが豆かん。豆と寒天だけのシンプルな組み合わせが甘味屋さんでも人気です。（つくり方P84）

黒砂糖から手づくりした黒みつは香りが違います。たっぷりかけてどうぞ

赤えんどうの揚げせんべい

塩豆を上新粉と混ぜて揚げたおせんべいは、カリッとした生地ともちっとしたお豆の食感が魅力。生地にも豆の煮汁を使っているので、豆の香りがいっぱいです。

（つくり方P85）

塩えんどう

みつ豆やあんみつに入っている豆で、赤えんどうでつくります。塩ゆでをおやつとしてそのままつまんでも、素朴な味わいがあとをひきます。基本的なゆで方なので覚えておくと便利です。たくさんゆでて冷凍保存しておくとおやつづくりに重宝します。

◆材料(つくりやすい分量)

赤えんどう……1カップ
塩……小さじ1

■つくり方

①赤えんどうは、よく洗ってから3倍以上の熱湯に浸して一晩おく。

②つけ汁ごと鍋に入れて火にかけ、沸騰したら、ゆで汁を捨てる。

③②にきれいな水を豆が隠れるくらいに入れて火にかけ、やわらかくなるまで煮る(途中煮汁が少なくなったら差し水をする)。

④火を止める直前に塩を加え、全体に塩がまわったら火を止め、そのまま冷ます。

●メモ　赤えんどうは熱湯に浸してもどすと均一にやわらかくなります。煮上げるのに多少時間がかかりますが、ずっと煮続けなくても途中で火を止めて鍋ごと保温し、しばらくしてから再度火にかけてもよいでしょう。途中で煮汁が少なくなったら差し水をして、常に豆が煮汁に隠れているようにします。

豆かん

塩えんどうと寒天を組み合わせただけの素朴な一品は、甘味屋さんの定番メニュー。食物繊維がたっぷりとれるのもうれしいですね。黒みつは市販のものを使ってもよいのですが、黒砂糖から手づくりすると、とてもよい香りがします。

◆材料(4人分)

塩えんどう……1カップ
粉寒天……2g
水……1カップ
黒みつ
　黒砂糖……100g
　上白糖……100g
　水……2/3カップ

■つくり方

①ゆでた塩えんどうはザルにあげて汁をきる。

②粉寒天は水大さじ1を入れてよく混ぜ、15分おいてふやかす。

③鍋に②と分量の水を入れて中火にかけ、沸騰したら火を弱め、ゆっくり混ぜながら2分煮る。鍋を冷水に浸して粗熱を取り、寒天液を流し缶に流し入れて冷やし固める。

④黒みつの材料を鍋に入れて火にかけ、沸騰したらアクを丹念に取りながら2～3分煮詰め、とろみがついたら冷やしておく。

⑤固まった寒天を1㎝角のさいの目に切り、塩えんどうとともに器に盛り、④の黒みつをかける。

●メモ　塩えんどう、寒天、フルーツを盛り合わせればみつ豆になります。

赤えんどうの揚げせんべい

豆の煮汁を上新粉を溶くときに使うので、せんべいの生地にも豆の風味がよく染み込みます。煮汁の塩味があるので、生地に加える塩の量は、味をみながら調節しましょう。

◆材料（つくりやすい分量）

赤えんどう……½カップ

塩（豆の味つけ用）……小さじ½

上新粉……200g

A
- 砂糖……大さじ4
- 酒……大さじ2
- 塩……少々

豆の煮汁と水を合わせたもの……½カップ

揚げ油……適宜

■つくり方

①赤えんどうは、水洗いし、3倍以上の熱湯に浸して一晩おく。

②鍋に赤えんどうと新しい水を入れて中火にかけ、沸騰したら弱火にし、アクを取りながら煮る（落としぶたをするとよい）。

③豆がやわらかくなったら、塩を加える。

④ボウルに上新粉とA、豆の煮汁と水を合わせたものを入れて混ぜ、③の赤えんどうを加え、ざっくりと混ぜ合わせる。

⑤揚げ油を160℃に熱し、④をスプーンですくって薄く広げながら、そっと油に落とし入れ、きつね色になるまで揚げる。

●メモ　カリッとしたせんべいに仕上げるには、生地をやわらかく仕上げるのがコツです。

グリンピースの桜ごはん

グリンピースの緑と桜の花のピンクが、春の訪れを感じさせてくれるごはん。お花見弁当にもおすすめです。桜の花は炊き上がってから混ぜ込むと、香りがよいでしょう。(つくり方P88)

グリンピースと厚揚げの炒め煮

グリンピースをたっぷり使って厚揚げと炒め合わせました。桜えびも、香りと歯ざわりのアクセントになっています。グリンピースが主役の、春らしい一品をお楽しみください。(つくり方P89)

味にパンチが欲しい場合には、七味唐辛子がよく合います

グリンピースの桜ごはん

桜の咲く季節にぜひつくりたい彩りのよいごはんです。グリンピースは、炊き上がったごはんに混ぜるより、お米と一緒に炊き込むと、ごはんにも香りがついておいしくなります。

◆材料（4人分）
グリンピース……⅔カップ
米……3カップ
水……3カップ
酒……大さじ1
塩……小さじ1
桜の花の塩漬け……30g

■つくり方

①米は炊く30分以上前にとぎ、ザルにあげておく。グリンピースはよく洗う。

②炊飯器に米を入れ、水と酒、塩を入れてから、①のグリンピースを加えて炊く。

③桜の花の塩漬けはザルに入れ、さっと水を流して塩を落とし、枝やごみを取り除く。

④炊き上がったごはんに桜の花を加え、さっくりと混ぜ、香りを移す。

●メモ　グリンピースは必ずサヤつきを買い、使う直前にむくと香りがひき立ちます。桜の花の塩漬けは塩分が強いので、水で塩を洗い流し、使う量にも注意します。

グリンピースと厚揚げの炒め煮

普段は料理の脇役として登場することの多いグリンピースですが、旬の時期にはたっぷり使って炒め煮にしましょう。桜えびと湯葉を入れることで、カルシウムやタンパク質もアップします。

■つくり方

①グリンピースはかためにゆでてザルにあげ、水をきっておく。

②厚揚げはザルにのせ、熱湯をかけて湯通しし、縦半分に切ってから2㎝厚さに切る。

③ねぎは約5㎜の小口切りにする。

④中華鍋にごま油を入れて温め、③のねぎをしんなりするまで炒め、②の厚揚げを加えて軽く炒め合わせる。

⑤④に桜えびと手で砕いた湯葉、あらかじめ合わせておいたAを回しかけて炒め煮にする。

⑥汁が少なくなったら水溶き片栗粉を加えてとろみをつけ、全体に汁をからませる。

⑦器に盛り、好みで七味唐辛子をふる。

◆材料（4人分）

グリンピース……1½カップ
厚揚げ……2枚
ねぎ……1本
ごま油……大さじ1
桜えび……1カップ
湯葉（乾燥）……2枚
A
　だし汁……1カップ
　酒……大さじ2
　砂糖……大さじ1
　しょうゆ……大さじ1½
　みりん……大さじ½
水溶き片栗粉……適量
七味唐辛子……適宜

ミックス豆の寒天スープ

豆を入れたスープを寒天でゆるく固めました。ワイングラスなどでつくると、夏のおもてなしにもぴったりです。(つくり方P92)

青えんどうのムース

青えんどうの香りを生かしたムースです。ふわふわのメレンゲが口に溶けたあと、豆の香りがいっぱいに残ります。(つくり方P93)

スープに入れる豆は小粒のものを。寒天と相性がよくバラバラになりません

そら豆と豚肉の卵とじ

そら豆の緑と卵の黄色が春を感じさせるメニューです。豚肉をプラスしたら主菜になりました。そら豆は火の通りがとても早いのでゆですぎに注意をしましょう。（つくり方P93）

ミックス豆の寒天スープ

寒天スープには、小さめの豆を使うとバラバラになりません。ここでは白い小さな粒の手亡と香りのよい青えんどうを使いました。スープは旨みが決め手なので、できるだけ鶏の皮や豚肉、香味野菜などでしっかりとります。

■つくり方

①鍋に手亡と青えんどう、かぶるくらいの水、ローリエ½枚を入れて火にかけ、10分煮て火からおろし、冷めるまでおき、ザルにあげて汁をきる（飾り用の豆を少量取り分けておく）。

②にんじんは３㎜厚さの輪切りにする。

③きゅうりは３㎜角に切り、塩（分量外）を入れた熱湯に入れて１分ほどおき、冷水にとって水気をきる。

④鍋にAと②のにんじんを入れて中火にかけ、沸騰したら弱火にし、アクをていねいに取りながら30分煮る。

⑤こし紙、または布巾で④をこしてスープをとる。にんじんを取り出し、３㎜角に切る。スープは冷めるまでおき、表面に浮いた脂をきれいに取り除き、再び温める（⅓カップは別に取りおく）。

⑥粉寒天に水大さじ２を入れてよく混ぜ、15分おいてふやかし、⑤のスープに入れて火にかけ、沸騰したら弱火にし、薄口しょうゆ、塩、こしょうと①の豆ときゅうり、にんじんを加えて２分煮る。

⑦⑥を鍋ごと冷水に浸し、粗熱を取って器に流し入れ、冷やし固める。

⑧ソースの材料をミキサーにかけてとろとろにする。

⑨⑦に⑧のソースをかけ、①の飾り用の豆をのせる。

◆材料（４人分）

手亡、青えんどう（ゆでたもの）……各½カップ
ローリエ……½枚
にんじん……⅓本
きゅうり……½本
パセリ……少々

A
- ねぎ……１本
- しょうが……２かけ
- 水……1500cc
- 豚薄切り肉……200g
- 鶏の皮……100g
- パセリの軸……３本
- ローリエ……１枚

セロリ……½本
粉寒天……4g
薄口しょうゆ……大さじ１
塩……小さじ½
こしょう……少々

ソース
- 青えんどう（ゆでたもの）……⅓カップ
- スープ……⅓カップ
- 塩、こしょう……各少々

青えんどうのムース

乾燥豆の青えんどうを煮ると、鮮やかな緑色にはなりませんが、グリンピースより味と香りが高くなります。

一度にまとめて煮て冷凍保存をしておくと、料理に少量使いたいときにも便利です。

◆材料（4人分）
青えんどう（水煮）……100g
水……½カップ
A［砂糖……30g
　 レモン汁……大さじ1
ゼラチンパウダー……小さじ2
生クリーム……½カップ
卵白……2個分
砂糖……30g

■つくり方

①青えんどうは飾り用少量を取り分け、分量の水とミキサーにかける。

②鍋に①とAを入れ、火にかけて沸騰させ、弱火でとろみが出るまで煮る。

③ゼラチンは大さじ2の水でふやかして湯せんで溶かし、②に加えて混ぜる。鍋を冷水にあてて、とろみを出す。

④生クリームを泡立て、③に混ぜる。

⑤卵白に砂糖を加えながら泡立て、飾り用を少量取り分け、残りを④に加えてさっくりと混ぜ、型に流し入れる。

⑥⑤を冷蔵庫で冷やし固め、型から出して、飾り用のメレンゲと豆を飾る。

そら豆と豚肉の卵とじ

ごはんにのせて卵とじ丼にしてもおいしく食べられます。その場合はしょうゆを少しふやし、味を濃いめにするとよいでしょう。

◆材料（4人分）
そら豆（サヤから出したもの）……200g
豚肩ロース肉……200g
玉ねぎ……1個
卵……2個
煮汁
［だし汁……1カップ
　酒……大さじ2
　砂糖……大さじ2
　しょうゆ……大さじ3
塩……適宜

■つくり方

①そら豆は1分ほど塩ゆでして皮をむき、豚肉は食べやすく切り、玉ねぎは薄切りにする。

②鍋に煮汁の材料を入れて煮立て、豚肉、玉ねぎを入れて煮、そら豆を加えてひと煮し、塩で味をととのえる。

③卵を溶き、⅔量を②に加え、ふたをして弱火で半熟にし、残りの卵を入れて火を止めてふたをし、仕上げる。

◆材料（つくりやすい量）
そら豆（サヤ付き）……1㎏
砂糖……大さじ4
塩……少々

そら豆の翡翠煮

まるで宝石の「翡翠」のように透き通った緑が美しい煮豆。八百屋さんの店頭にそら豆が並ぶ初夏につくります。

■つくり方

①そら豆はサヤから取り出し、たっぷりの湯で1分ゆでる。

②①のそら豆の皮をむき、芽の部分をていねいに取り除く。

③鍋に熱湯と豆を入れて中火にかけ、ひと煮立ちしたら弱火にして砂糖と塩を加え、豆がくずれないようにやさしく鍋をまわして4～5分煮る。

④鍋を火からおろし、色が変わらないように鍋ごと冷水に浮かべ、大急ぎで冷ます。

●メモ　鮮やかな緑色を残し、豆の形をくずさぬよう手早く煮上げるのがポイントです。長い時間煮ていると、緑色がどんどん色あせていくので、煮上がった豆は急いで冷ましましょう。

◆材料（つくりやすい分量）

そら豆（サヤ付き）……1kg
だし汁……1カップ
酒……大さじ1
砂糖……大さじ½
みりん……大さじ1
しょうゆ……大さじ2

そら豆のしょうゆ煮

子供の頃、祖母がつくってくれた懐かしい味の煮豆。おかずにもおやつにも酒の肴にもなります。

■つくり方

①そら豆はサヤから取り出して洗い、芽の部分を斜めに小さく切り取る。

②鍋にだし汁と調味料を全部入れて火にかけ、そら豆を加えて沸騰したら弱火にして15分煮る。

③火を止めたらそのまま冷まして味を含める。

●メモ　サヤから出したそら豆は、上の部分を斜めに小さく切り取っておきます。こうすると煮上げてからも、食べるときに皮がむきやすくなります。この下ごしらえは、そら豆の塩ゆでのときも同じです。

5

「新しい魅力 ひよこ豆、レンズ豆の料理」

海外旅行の日常化につれてエスニック料理がブームになり、今ではすっかり定着しています。そのエスニック料理でおなじみになった豆がひよこ豆とレンズ豆です。

ひよこ豆はインド料理やメキシコ料理によく使われます。もともとインド料理にはいろいろな豆が多用され、カレーやサブジと呼ばれる野菜の蒸し煮、スープなどにたくさんのスパイスとともに使われてきました。ひよこ豆のホクホクとした食感と淡白な味がピリッとしたカレーによく合うのか、講習会でもひよこ豆のカレーはとても人気があります。

レンズ豆は人類最初の栽培植物の一つといわれ、聖書にも登場するほど古い歴史を持つ豆です。皮を取り除くと中からオレンジ色の粒があらわれます。小さくて薄い豆なので、水に浸さずいきなり煮ても大丈夫。スープやサラダで楽しみましょう。

ひよこ豆、レンズ豆の料理にはスパイス使いが決め手です。いろいろ試してみてオリジナルな味を工夫してください。

皮付きレンズ豆（前）、皮むきレンズ豆（後）とひよこ豆

ひよこ豆とほたて貝のサラダ

ひよこ豆のチキンカレー

ひよこ豆のチキンカレー

最近人気の高い豆カレーを、ひよこ豆でつくってみました。ひよこ豆は長くコトコトと煮てもくずれにくいので、カレーに入れても豆の存在感が楽しめます。（つくり方P100）

豆カレーと豆サラダのセットメニューで、ヘルシーなランチタイムを

ひよこ豆とほたて貝のサラダ

独特の歯ざわりがあるひよこ豆はサラダにもぴったり。ゆでた豆が熱いうちに、ドレッシングでしっかり下味をつけるとおいしくなります。（つくり方P101）

ひよこ豆のチキンカレー

インドには、豆を使った料理がたくさんあります。なかでも豆のカレーは有名です。ひよこ豆を入れると、辛いカレーと、ほこほことしたひよこ豆はとてもよく合います。

◆材料（4人分）
ひよこ豆（乾燥）……1½カップ
鶏もも肉……300g
A［シナモン……小さじ1
　 塩、こしょう……各少々
玉ねぎ……3個
にんにく……1かけ
バター……大さじ2
トマト水煮缶……1缶
B［豆の煮汁とトマト水煮缶の缶汁と
　 水を合わせたもの……4カップ
ブーケガルニ
　［ねぎ、セロリ、パセリの軸、
　 ローリエ……各少々
カレーパウダー……大さじ2
ガラムマサラ……小さじ1
りんごすりおろし……¼個分
塩、こしょう……各少々
ごはん……4人分

■つくり方

①ひよこ豆はよく洗い、一晩水に浸しておく。

②鍋に豆と新しい水を入れて中火にかけ、沸騰したら弱火にし、八分通りに煮る。煮汁はとっておく。

③鶏肉は一口大に切り、Aをまぶして下味をつけ、20分おく。

④玉ねぎ、にんにくはみじん切りにする。

⑤厚手の鍋にバターを溶かし、にんにくを炒めて香りを出し、玉ねぎを加えて茶色になるまでゆっくり、焦がさないように炒める。

⑥トマトの水煮を粗く刻み（缶汁はとっておく）、⑤に加えて10分煮詰めてペースト状にする。

⑦⑥に鶏肉を加えて炒め、色が変わったらカレーパウダーを加えてさらに炒める。

⑧⑦にBと②の豆を加え、ブーケガルニの材料をタコ糸で縛り、鍋に入れて強火にする。

⑨沸騰したら火を弱め、さらに1時間ほど煮込み、すりおろしたりんごと香りづけのガラムマサラを加えて混ぜ、30分ほど煮込み、ブーケガルニを取り出す。

⑩最後に塩、こしょうで味をととのえ、器に盛ったごはんにかける。

●メモ　焦がさないよう木べらでときどきかき混ぜながら煮込みましょう。

ひよこ豆とほたて貝のサラダ

ひよこ豆をゆでるときにローリエを入れると豆がおいしくなります。水煮缶や冷凍の豆を使う場合も、ローリエを入れて15分ほど煮直すと独特のクセがとれて食べやすくなります。

サラダにするときはゆでた豆が熱いうちにドレッシングやレモン汁をかけると、豆に味がよく染みます。

◆材料（4人分）

ひよこ豆（乾燥）……⅔カップ
ローリエ……1枚、塩……小さじ½
ほたて貝柱……5〜6個
オイルサーディン……10本
赤ピーマン……½個
きゅうり……1本
レタス……数枚
レモン汁……½個分
ドレッシング
- ワインビネガー……大さじ5
- 砂糖……大さじ1½
- オリーブ油……大さじ2½
- 塩、こしょう、バジル（乾燥）……各少々

■つくり方

①ひよこ豆は水洗いし、3倍以上の水に一晩浸しておく。

②豆と新しい水を鍋に入れ、沸騰したらゆで汁を捨てる。豆がかぶるくらいの水、ローリエを加えて中火にかけ、沸騰したら落としぶたをしてやわらかくなるまで煮る（途中で煮汁が少なくなったら差し水をする）。火を止める直前に塩を加え、塩が全体にまわったら火を止める。

③ドレッシングの材料を合わせてよく混ぜておく。

④豆をザルにあげて汁をきり、レモン汁、ドレッシング少々をかけて下味をつける。

⑤ほたて貝柱は熱湯に入れ、表面が白くなったら、氷水に取り出して冷たくし、薄くスライスする。

⑥オイルサーディンは油をきり、大きくほぐしておく。

⑦赤ピーマンは豆の大きさに合わせて角切りにし、少量の塩を入れた熱湯をくぐらせ、冷水にとって、ザルにあげる。

⑧きゅうりは小さい乱切りにし、少量の塩をふり、10分おいてからザルにあげる。

⑨④に⑥〜⑧を加え、ドレッシング少々を加えて混ぜる。

⑩皿にちぎったレタスと⑨を盛り、⑤のほたて貝柱を飾る。好みでドレッシングをかける。

●メモ　ひよこ豆はシーフードサラダによく合います。ほたて貝柱のほかにもボイルしたえび、いか、タコと組み合わせてもよいでしょう。

レンズ豆の和風コールドスープ

皮をむいてあるオレンジ色のレンズ豆は、とても早く煮えるのでいきなり煮ても大丈夫。とろりとした風味を生かし、かつおだしを利かせて和風味のスープに仕上げました。(つくり方P104)

豆もだし汁も冷たくしてから、豆腐と一緒にミキサーにかけましょう

レンズ豆のマフィン

すぐに煮える皮むきのレンズ豆を使ったマフィン。シナモンを加えると豆特有の匂いが気にならなくなります。甘さ控えめにつくって、朝食やランチにもおすすめです。（つくり方P105）

レンズ豆の和風コールドスープ

皮をむいてあるレンズ豆は、いきなり煮ても20分ほどで煮えてしまいます。やわらかくなった豆はすぐにくずれるので、スープやディップのようにつぶしてつくる料理に向いている豆です。

この和風スープは、かつおだしが決め手。きちんとだしをとってつくると、おいしく出来上がります。

◆材料（4人分）

レンズ豆（皮むき）……½カップ
かつおだし汁（1½カップ分）
　昆布……5cm
　水……2½カップ
　かつお削り節……ひとつかみ
豆腐（絹ごし）……½丁
薄口しょうゆ……大さじ2
塩……少々
青ねぎ……適宜

■つくり方

①レンズ豆はよく洗い、3倍の水とともに鍋に入れて中火にかける。沸騰したら弱火にし、アクを取りながら20分煮て、やわらかくなったらザルにあげ、汁をきって冷ます。

②昆布はかたく絞ったぬれ布巾でさっと拭き、はさみで2～3ヵ所切り目を入れる。

③鍋に②の昆布と分量の水を入れ、30分おいてから火にかけ、沸騰直前に昆布を取り出す。

④③に削り節を入れ、沸騰したら弱火で2分間煮出し、布巾でこしてから冷ます。

⑤①の豆、④のだし汁、豆腐、薄口しょうゆ、塩をミキサーにかけ、とろとろにしたら、塩で味をととのえる。

器に⑤を注ぎ入れ、細かく小口切りにした青ねぎをのせる。

●メモ　スープの浮き身はお好みですが、ここではハーブ類などは使わず、青ねぎにしました。香りも強すぎず、かつおだしとよく調和します。おもてなしには、やわらかく煮たレンズ豆を浮かせてもよいでしょう。

レンズ豆のマフィン

マフィンの生地はさっくり混ぜるのがふんわり仕上げるコツ。簡単につくることができて失敗が少ないので、お菓子づくり初心者でも安心して挑戦できます。お子様と一緒につくっても楽しいですね。

◆材料（4人分）

レンズ豆（乾燥）……½カップ

A ┌ 薄力粉……170g
　│ ベーキングパウダー……小さじ2
　└ シナモンパウダー……小さじ1

無塩バター……50g

砂糖……50g

卵……2個

牛乳……大さじ4

■つくり方

①レンズ豆はよく洗い、3倍の水を入れて火にかけ、沸騰したら弱火にし、アクを取りながら15分煮て冷まし、ザルにあげて汁をきる。

②バターは室温にもどしてやわらかくし、Aの粉類は合わせて2回ふるっておく。

③砂糖はふるい、卵は溶きほぐしておく。

④②のやわらかくなったバターをボウルに入れ、泡立て器でクリーム状に練る。

⑤④に砂糖を加えてすり混ぜ、溶いた卵を2〜3回に分けて加えながら、さらによくすり混ぜる。

⑥⑤に牛乳を加えて混ぜ合わせたところへ、②の粉を2〜3回に分けてふるい入れ、木べらで練らないように混ぜ、①の豆を加えて全体をさっくりと混ぜる。

⑦⑥の生地をマフィン型の六分目まで流し入れ、型の底を台に2〜3回軽く落として空気を抜き、生地を平らにならす。

⑧⑦を190℃に温めておいたオーブンで約25分焼く。竹串を通してみて生地がついてこなければ焼き上がり。

●メモ　レンズ豆の匂い消しにもなるシナモンは好みで多めに入れてもよいでしょう。レンズ豆はやわらかいので、煮上げたあと、くずさないようやさしく扱います。

もっと知りたい豆のこと

【豆の栄養と効能】

豆はその種類によって、高たんぱくの豆と、でんぷん質の多い豆とに大きく分けられます。

●高たんぱくの豆の代表は大豆

大豆は「畑の肉」とも呼ばれるほど高たんぱくの豆です。

しかもそのたんぱく質は体内で合成することのできない必須アミノ酸（人間の体をつくるうえで欠かせない8種のアミノ酸）をバランスよく含んでいるのが特徴です。

大豆はほかにも脂質、カルシウムや鉄分などのミネラル、食物繊維やビタミンB群、ビタミンEなどが豊富に含まれているすぐれた栄養食品です。

●大豆は生活習慣病の予防食

また大豆には善玉コレステロールをふやし、悪玉コレステロールを減らす働きのあるリノール酸やレシチンが豊富に含まれていて、生活習慣病の予防によいと言われています。

大豆に含まれるサポニンやビタミンE、黒豆の色素であるアントシアニンには抗酸化作用があります。これは体内の組織や細胞を傷つける活性酸素を減らす働きをして、ガンを予防したり動脈硬化の予防にも役立つと注目されている成分です。

●女性の味方の大豆

最近話題の大豆のイソフラボンは、体内に入ると女性ホルモンに似た働きをして、更年期障害の症状をやわらげたり、骨粗鬆症を予防します。またホルモンが原因で発生するガンを予防する働きも期待されています。

ほかにも大豆には食物繊維やたんぱく質、ビタミンBやEなど美肌づくりや美容に欠かせない栄養分がいっぱい含まれています。それらとイソフラボンが一緒に働くので、女性にはなによりの味方ですね。

大豆料理はもちろん、豆腐や納豆などの大豆加工品も毎日の食卓に積極的に取り入れましょう。

●種類の多いでんぷん質の豆

たんぱく質の多い大豆や落花生以外の豆は、ほとんどがでんぷん質を多く含んでいます。でんぷん質の豆はいんげん類やえんどう類、小豆などで、多くの種類があります。このグループの豆は同時に食物繊維が豊富なことも特徴です。

食物繊維は腸内の有害物質を吸着して、体内へ排出したり、コレステロールの吸収を防ぐ働きもするので、便秘はもちろん、大腸ガンや動脈硬化などの生活習慣病も予防します。

●豆とごはんは名コンビ

大豆ほどではありませんが、これらの豆にもたんぱく質が含まれています。豆のたんぱく質は総じて必須アミノ酸のリジンが豊富です。リジンは細菌やウイルスに対する抗体をつくる働きをし、不足すると疲れがたまり集中力がなくなります。

ごはんなどの穀類にはこのリジンが不足しているので、豆とごはんを組み合わせて食べると、たんぱく質の利用率がぐんと上がり、栄養をバランスよく摂取することができます。

●豆をマメに食べて疲労回復

豆類にはビタミンB_1、B_2も多く含まれています。ビタミンB群は不足すると体がだるくなったり、無気力になったりします。疲れた体にエネルギーを供給し、老廃物をスムースに代謝する役割をするいわば元気の素です。B群はとりだめのできないビタミンなので、毎日の献立に豆を積極的に取り入れてください。

●小豆のサポニンはむくみを防止

小豆にもビタミンB_1が多く、疲労を解消するうえ、カリウムが豊富なので、余分な塩分を外に出す働きをします。小豆で注目される成分は、外皮に含まれるサポニンです。サポニンは大豆にもある渋みや苦みの主成分で、小豆を煮たときに出る泡に多く含まれています。血中のコレステロールを低下させるほか、利尿作用をうながす働きがあり、カリウムと力を合わせて、むくみを防止してくれます。

●豆の甘煮は糖分に注意

すぐれた栄養素や成分がいっぱいの豆ですが、豆のでんぷん質は糖質になるうえに、砂糖を使って甘煮にすることが多いので、どうしてもエネルギーが高くなってしまいます。

甘煮もできるだけ砂糖を控えて豆の風味を楽しみましょう。また、豆といえば甘煮一辺倒ではなく、塩味やしょうゆ味、洋風のトマト味にするなど、いろいろな調理でヘルシーな豆料理をつくることをおすすめします。

【豆の選び方と保存法】

　一年中いつでも入手できる乾燥豆ですが、収穫は年に一度です。豆によって夏に収穫するものから、秋に収穫するものまでさまざまです。

　その年に収穫された豆は「新豆」と呼ばれ、新豆が出るとそれ以前の豆を「ヒネの豆」と呼ぶようになります。豆の目利きとひと口に言ってもなかなか難しいのですが、よい豆を選ぶためにも、まずはこうした基本的なことを知っておくとよいでしょう。

　よい豆は手にとったとき、同じ分量でも微妙に重く感じます。艶がよく、皮に張りがあり、粒がそろっているものはふっくらとおいしく煮えます。

●豆は専門店で選ぶ

　豆は管理がしっかりしている専門店で買うことをおすすめします。新豆とヒネの豆では煮え時間にも大きな差があります。とくに新豆の出始めの頃には新豆とヒネの豆を混ぜて煮ないように注意が必要です。

　専門店で何年産の豆かを聞いて、確かめながら買うとよいでしょう。

●遺伝子組換えの豆

　収穫量をふやすために、遺伝子を組換えた大豆が栽培され、日本にも輸入大豆などで入ってきました。食品表示に関するＪＡＳ法で、遺伝子組換えをした大豆の場合は「遺伝子組換え」、遺伝子組換え大豆と非遺伝子組換え大豆の分別がきちんとされていない場合は、「遺伝子組換え不分別」と表示することが義務づけられています。

　遺伝子組換えをしていない大豆の場合、「遺伝子組換えではない」「非遺伝子組換え」などと、任意で表示してもよいことになっています。現在日本では遺伝子組換え大豆はつくられていないので、国産大豆を選べば心配はありません。

●有機栽培の豆

　有機栽培については、登録認定機関の検査を受けて、認証された農産物のみに有機ＪＡＳマークをつけて、「有機栽培」と表示できることになりました。しかし生産者のなかには、認証は受けていないけれど土づくりからこだわって、無農薬、無化学肥料で栽培している人もたくさんいます。情報を集め、信頼のおける生産者のものを、信頼のおける店などで購入するのもよいでしょう。

●大量買いは避ける

乾物だからといって、豆を一度に大量に買うことはおすすめできません。豆も袋の中で呼吸をしているのです。たくさん買って戸棚や引き出しにしまっておくと、品質が落ちたり、カビや害虫が出ることがあります。

品質管理のしっかりした店で少しずつ買い、上手に保存して早めに使い切るとよいでしょう。

●暑い時期は冷蔵で保存する

乾物の豆は秋から春の間は常温で保存します。気温の上がる初夏から初秋の間は、常温に置いておくとカビや虫が出やすく、品質も落ちてしまうので冷蔵庫での保存をおすすめします。

紙袋にビニール袋を重ねて豆を入れ、しっかり口を閉じて野菜室に入れます。取り出すときは袋ごと冷蔵庫から出し、袋の中の豆が常温になるまで待ってから口を開けて使います。こうすれば豆が湿気を吸うのを防ぐことができます。

●煮た豆は冷凍保存で

豆は少しだけ煮るよりたくさん煮たほうがふっくらとおいしく煮えます。またやわらかく下煮しておくと、食べたいときすぐに使えて便利です。時間のあるときに下煮をした豆は冷凍保存をしておくとよいでしょう。解凍してからもう一度火にかけて調理をするので、少しかために煮ておき、保存袋または密閉容器などに小分けにして、煮汁も一緒に冷凍します。

このとき、豆の名前と内容量（○カップなど）、日付を必ず書いておきましょう。使うときは、自然解凍してから煮汁ごと鍋に入れて調理をすると、豆の風味が楽しめます。

お手製のあんも、手間がかかるので一度にたくさんつくって冷凍保存しておくことをおすすめします。そうすれば食べたいときにお汁粉やあんころ餅がすぐに食べられます。使うときは自然解凍したあと、水分を少し加えて火にかけ、好みのかたさに練り直しましょう。手軽においしいあんが復活します。

INFORMATION

店先の大豆売り場

●埼玉屋本店
〒192-0053　東京都八王子市八幡町3-19
TEL 042-622-1744
FAX 042-622-1743
http://www.saitamaya.co.jp

営業時間：10～19時。定休日は毎週日曜日。祝祭日は月～土であれば営業（日曜日と重なれば休業）

人気の黒大豆

●主な参考文献

『豆類百科』日本豆類基金協会編
『人と豆の健康十二カ月』相馬暁著　チクマ秀版社
『豆を食べる健康法』重野哲寛著　ブックマン社
『NHKためしてガッテン　食材読本』NHK科学・環境番組部編
『黒豆健康ブック』本多京子・野崎豊著　ごま書房
『ダイジェスト版　四訂　食品成分表』香川綾監修　女子栄養大学出版部
『五訂　食品成分表』香川綾監修　女子栄養大学出版部

デザイン――ベイシックデザイン（中島真子 ＋ 久保田和男）
撮影――岡村信弘
写真協力――熊谷 正
料理制作協力――小椋美穂、埼玉屋本店スタッフ
器協力――田丸芳子
編集協力――もくば舎（川井紫夏子 ＋ 志賀桂子）
校正――中村真理

著者プロフィール

●長谷部美野子（はせべ　みやこ）

1950年、東京都中野区生まれ。立教女学院短期大学卒業。1977年、豆類（主に国産品）を扱う老舗乾物店・（有）埼玉屋本店6代目の長谷部良幸氏と結婚。もともと料理が得意で、土井勝料理教室、赤堀料理学院に学び、1998年にフードコーディネーターの資格を取得。女将として店を切り盛りするかたわら、客向けに料理レシピのプリントを提供したり、豆料理や手づくりみその講習会などを開催したりして好評を博している。

著書に『[遊び尽くし]ことこと豆料理レッスン』『[遊び尽くし]まめに豆腐クッキング』（いずれも創森社刊）がある。

豆屋《まめや》さんの豆料理《まめりょうり》

2003年10月15日　第1刷発行
2011年12月12日　第2刷発行

著　者——長谷部美野子《はせべみやこ》

発行者——相場博也

発行所——株式会社 創森社

〒162-0805 東京都新宿区矢来町96－4

TEL 03-5228-2270　FAX 03-5228-2410

http://www.soshinsha-pub.com

振替 00160-7-770406

印刷製本——プリ・テック株式会社

落丁・乱丁本はおとりかえします。定価は表紙カバーに表示してあります。

本書の一部あるいは全部を無断で複写、複製することは法律で定められた場合を除き、著作権および出版社の権利の侵害となります。

©Miyako Hasebe 2003 Printed in Japan ISBN978－4－88340－163－5 C0077

〝食・農・環境・社会〟の本

http://www.soshinsha-pub.com

創森社　〒162-0805 東京都新宿区矢来町96-4
TEL 03-5228-2270　FAX 03-5228-2410
＊定価（本体価格＋税）は変わる場合があります

育てて楽しむ タケ・ササ 手入れのコツ
内村悦三 著　Ａ５判１１２頁１３６５円

ブルーベリーに魅せられて
西下はつ代 著　Ａ５判１２４頁１５００円

野菜の種はこうして採ろう
船越建明 著　Ａ５判１９６頁１５７５円

直売所だより
山下惣一 著　四六判２８８頁１６８０円

ペットのための遺言書・身上書のつくり方
高野瀬順子 著　Ａ５判８０頁９４５円

グリーン・ケアの秘める力
近藤まなみ・兼坂さくら 著　Ａ５判２７６頁２３１０円

心を沈めて耳を澄ます
鎌田慧 著　四六判３６０頁１８９０円

いのちの種を未来に
野口勲 著　Ａ５判１８８頁１５７５円

森の詩～山村に生きる～
柿崎ヤス子 著　四六判１９２頁１５００円

田園立国
日本農業新聞取材班 著　四六判３２６頁１８９０円

農業の基本価値
大内力 著　四六判２１６頁１６８０円

現代の食料・農業問題～誤解から打開へ～
鈴木宣弘 著　Ａ５判１８４頁１６８０円

虫けら賛歌
梅谷献二 著　四六判２６８頁１８９０円

山里の食べもの誌
杉浦孝蔵 著　四六判２９２頁２１００円

緑のカーテンの育て方・楽しみ方
緑のカーテン応援団 編著　Ａ５判８４頁１０５０円

育てて楽しむ 雑穀 栽培・加工・利用
郷田和夫 著　Ａ５判１２０頁１４７０円

オーガニック・ガーデンのすすめ
曳地トシ・曳地義治 著　Ａ５判９６頁１４７０円

育てて楽しむ ユズ・柑橘 栽培・利用加工
音井格 著　Ａ５判９６頁１４７０円

バイオ燃料と食・農・環境
加藤信夫 著　Ａ５判２５６頁２６２５円

田んぼの営みと恵み
稲垣栄洋 著　Ａ５判１４０頁１４７０円

石窯づくり 早わかり
須藤章 著　Ａ５判１０８頁１４７０円

ブドウの根域制限栽培
今井俊治 著　Ｂ５判80頁２５２０円

飼料用米の栽培・利用
小沢亙・吉田宣夫 編　Ａ５判１３６頁１８９０円

農に人あり志あり
岸康彦 編　Ａ５判３４４頁２３１０円

現代に生かす竹資源
内村悦三 監修　Ａ５判２２０頁２１００円

人間復権の食・農・協同
河野直践 著　四六判３０４頁１８９０円

反冤罪
鎌田慧 著　四六判２８０頁１６８０円

薪暮らしの愉しみ
深澤光 著　Ａ５判２２８頁２３１０円

農と自然の復興
宇根豊 著　四六判３０４頁１６８０円

農の世紀へ
日本農業新聞取材班 著　四六判３２８頁１８９０円

田んぼの生きもの誌
稲垣栄洋 著　楢喜八 絵　Ａ５判２３６頁１６８０円

はじめよう！自然農業
趙漢珪 監修　姫野祐子 編　Ａ５判２６８頁１８９０円

農の技術を拓く
西尾敏彦 著　四六判２８８頁１６８０円

東京シルエット
成田一徹 著　四六判２６４頁１６８０円

玉子と土といのちと
菅野芳秀 著　四六判２２０頁１５７５円

生きもの豊かな自然耕
岩澤信夫 著　四六判２１２頁１５７５円

里山復権 能登からの発信
中村浩二・嘉田良平 編　Ａ５判２２８頁１８９０円

自然農の野菜づくり
川口由一 監修　高橋浩昭 著　Ａ５判２３６頁２０００円

農産物直売所が農業・農村を救う
田中満 編　Ａ５判１５２頁１６８０円

菜の花エコ事典～ナタネの育て方・生かし方～
藤井絢子 編著　Ａ５判１９６頁１６８０円

ブルーベリーの観察と育て方
玉田孝人・福田俊 著　Ａ５判１２０頁１４７０円

パーマカルチャー～自給自立の農的暮らしに～
パーマカルチャー・センター・ジャパン 編　Ｂ５変型判２８０頁２７３０円

巣箱づくりから自然保護へ
飯田知彦 著　Ａ５判２７６頁１８９０円

東京スケッチブック
小泉信一 著　四六判２７２頁１５７５円

農産物直売所の繁盛指南
駒谷行雄 著　Ａ５判２０８頁１８９０円